Literatura de Além-túmulo

Sra. Pearl Lenore Curran, esposa do Sr. John H. Curran, a admirável médium do espírito "Patience Worth", de que trata muitas páginas deste trabalho.

Ernesto Bozzano

Literatura de Além-túmulo

Tradução
Francisco Klörs Werneck

Prefácio
Deolindo Amorim

Posfácio
Hermínio C. Miranda

Biblioteca de Obras
Clássicas do Espiritismo

Lachâtre

INSTITUTO LACHÂTRE
Caixa Postal 164 – CEP 12914-970 – Bragança Paulista – SP
Telefone: 11 4063-5354
Página na internet: www.lachatre.org.br
E-mail: editora@lachatre.org.br

3ª edição – Novembro de 2013
1.000 exemplares

PROGRAMAÇÃO VISUAL DE CAPA
Cesar França de Oliveira

PROJETO GRÁFICO DE MIOLO
Fernando Luiz Fabris

Impresso no Brasil – *Presita en Brazilo*

CIP-BRASIL. CATALOGAÇÃO NA FONTE

B793l Bozzano, Ernesto, 1862-1943
Literatura de além-túmulo / Ernesto Bozzano; prefácio de Deolindo Amorim; tradução de Francisco Klörs Werneck; posfácio de Hermínio C. Miranda – 3ª ed. – Bragança Paulista - SP: Instituto Lachâtre, 2013.
128 p.

1. Psicografia-análise crítica da, 2. Literatura espírita. 3. Espiritismo. 4. Escritores espíritas. I. Amorim, Deolindo, 1906-1984 *pref.* II. Werneck, Francisco Klörs *trad.* III. Hermínio C. Miranda, 1920-2013 *posf.* IV. Título.

CDD 133.9 CDU 133.7

Sumário

Prefácio

Eis outro livro digno de ser lido. Seu título, que é, como se vê, muito simples, não deixa de dar ideia de literatura puramente mediúnica. Parece, pelo título, que se trata de trabalho, como tantos outros, recebido do além, entretanto o que se encontra em Literatura de além-túmulo é um estudo, bem documentado, acerca da produção literária que, através de inúmeros médiuns, nos tem vindo do mundo espiritual.

Devemos mais esta contribuição ao esforço de um confrade nosso, a quem não deve nunca faltar o estímulo dos mais justos encômios: Francisco Klörs Werneck, tradutor de muitas obras espíritas em circulação pelo Brasil. Aos labores profissionais, ora como advogado, ora como tradutor de responsabilidade, este nosso confrade, para servir à doutrina, junta ainda, espontaneamente, encargos especiais, como, por exemplo, o de traduzir excelentes trabalhos, entre os quais podemos incluir esta *Literatura de além-túmulo*.

Este livro, que traz a autoridade de um nome mundial: Ernesto Bozzano, não se destina exclusivamente aos espíritas, porque a forte e abundante argumentação, que nele se condensa, pode enfrentar objeções de qualquer natureza, pois é um livro que não teme a dialética nem o sofisma acadêmico.

Sabe-se muito bem que, em matéria de comunicações do além, há muita coisa que deve ser rejeitada, mas também se sabe que na literatura mediúnica se registram fatos suficientemente comprovados.

Ernesto Bozzano, homem de ciência, pesquisador frio e severo, é o primeiro a reconhecer que muitos ditados psicográficos não suportam crítica, nem mesmo superficial. O acatado mestre europeu entra no assunto com espírito de análise. Faz confrontos, apresenta fatos, tira conclusões seguras e, por fim, sustenta a tese espírita com absoluta convicção à luz de documentação convincente. Não é por uma comunicação duvidosa que se julga todo o volumoso patrimônio da literatura mediúnica. Bozzano demonstra, logo de início, que há comunicações que realmente não passam de elaboração onírico-subconsciente, com personalizações sonambúlicas, diz ele, evidentemente grosseiras, mas é preciso que se que se saiba distinguir tais comunicações das importantes mensagens ou páginas literárias em que o médium não tem a menor participação intelectual.

Muitos adversários do espiritismo, sempre que se fala em comunicações de 'outro mundo', apelam para a hipótese do subconsciente. Fizeram do subconsciente uma porta de saída para todas as situações. Ernesto Bozzano cita, no entanto, casos em que de maneira alguma se poderia invocar a possibilidade de haver um médium armazenado no subconsciente certos conhecimentos revelados inesperadamente.

Entre vários exemplos, para provar que a literatura do além é real, autêntica, incontestável, o autor introduziu no livro um fato curiosíssimo: uma senhora, que era médium, recebeu, em transe mediúnico, uma obra intitulada *Evangelho suplementar*. Nesse Evangelho, ditado na presença de pessoas de responsabilidade, inclusive o rev. John Lamond, há conhecimentos de história religiosa, de línguas antigas, etc., e a médium não tinha cultura de tais assuntos, segundo apurou o próprio rev. Lamond.

Outro fato, de que se ocupa, e com documentos, o do célebre romance *A cabana do pai Tomás*. Muita gente sabe que esse romance, aliás de fundo social, chegou a ser filmado e esteve durante muito tempo em cartaz nos nossos cinemas. Admitiu-se, depois, a possibilidade de haver sido essa obra, de tão grande influência na vida norte-americana, transmitida mediunicamente à sra. Harriet Beecher-Stowe. Lê-se em *Literatura de além-túmulo* o trecho em que a escritora Beecher-Stowe confessa francamente: "Não fui eu quem a escreveu", isto é, *A cabana do pai Tomás*. E acrescenta: "Deus a escreveu. Foi ele quem ma ditou." Diante dessa afirmativa, Ernesto Bozzano inclina-se pela hipótese mediúnica.

É um livro, portanto, de observações, fatos e crítica. Aqueles que tiverem ocasião de ler *Literatura, de além-túmulo*, ainda que não entendam de espiritismo, ficarão seguramente orientados para entrar no campo da produção mediúnica.

É, finalmente, um livro que deve figurar em toda estante de obras espíritas.

DEOLINDO AMORIM

I

Entre as numerosas formas que revestem as manifestações mediúnicas de natureza inteligente, não nos devemos esquecer das que consistem na produção de obras literárias, às vezes bem volumosas, ditadas psicograficamente por entidades que dizem ser espíritos de mortos.

Há necessidade de notar que grande número dessas produções mediúnicas não resistem a uma análise crítica, mesmo a mais superficial, de tal modo é evidente serem apenas o produto de uma elaboração onírico-subconsciente, de natureza grosseira e mais ou menos incoerente, com personalizações sonambúlicas que se formaram por sugestão ou auto-sugestão.

Essas personificações devem, em toda a parte, nesses casos, ter origem nos recursos do talento e da instrução própria às personalidades conscientes de que provêm, com a consequência de que as obras literárias dos supostos espíritos que julgam comunicar-se são, algumas vezes, tão rudimentares, que traem sua origem, sem que se possa ter a menor dúvida a este respeito.

Não é menos verdade que, ao lado dos pseudomédiuns, encontram-se médiuns autênticos, por intermédio dos quais se obtêm, às vezes, obras literárias de grande mérito, que levam a uma reflexão séria e não podem ser atribuídas a uma elaboração subconsciente da cultura geral, muito limitada, que se reconhece nos médiuns que, materialmente, as escreveram. É então necessário deduzir logicamente daí que essas produções provenham de intervenções estranhas aos médiuns, tanto mais se se consideram não somente as provas que se deduzem da forma, estilo, técnica individual da obra literária e também da identificação de escrita, como outras provas não menos importantes.

Estas provas consistem, sobretudo, em indicações pessoais ignoradas de todos os assistentes e das quais se verifica, em seguida, a veracidade; em citações não menos verídicas e desconhecidas de todos, com referência a elementos históricos, geográficos, topográficos, filológicos, de natureza complexa e quase sempre rara, enfim, em descrições minuciosas, coloridas e vivas, de meios e costumes referentes a povos bem antigos, circunstâncias que não poderiam ser esquecidas pela hipótese cômoda da emergência subconsciente de noções adquiridas e, em seguida, esquecidas (criptomnesia).

Proponho-me, neste estudo, analisar as principais manifestações deste gênero, principalmente porque foram obtidos, ultimamente, ditados mediúnicos que revestem alto valor teórico, num sentido nitidamente espírita.

O que se obteve, no passado, nesta categoria de manifestações, só tem rara importância teórica, em todo o caso não me absterei de dizer algumas palavras a respeito delas.

Começo por um caso de *transição* referente a uma célebre obra literária. Tudo o que se pode dizer a seu respeito é que não é fácil considerar se as modalidades, pelas quais veio à luz, devem ser atribuídas a intervenções estranhas à médium ou bem a um estado de superexcitação psíquica bastante frequente nas 'crises de inspiração', às quais são sujeitas as mentalidades geniais. Em todo o caso, trata-se de um fato interessante e instrutivo, dadas a notoriedade da autora e a influência considerável que a obra literária em questão exerceu sobre acontecimentos históricos e sociais de uma grande nação.

Quero referir-me à celebre escritora sra. Harriet Beecher-Stowe e ao seu bem conhecido romance *A cabana do pai Tomás*, o qual muito contribuiu para a abolição da escravatura nos Estados Unidos da América.

O meio familiar em que viveu Harriet Beecher-Stowe pode ser considerado como favorável a intervenções espirituais.

O prof. James Robertson assim fala na *Light* (1904, p. 338):

> O marido, prof. Stowe, era médium vidente. Ele viu muitas vezes, ao redor de si, fantasmas de defuntos, de maneira tão nítida e natural que, por vezes, lhe era difícil discernir os espíritos 'encarnados' dos 'desencarnados'.

Quanto à sra. Beecher-Stowe, ela era também grande sensitiva, "sujeita a crises frequentes de depressão nervosa com fases de ausência psíquica". Ela acolhera com entusiasmo o movimento espírita que se iniciara na América, havia alguns anos.

Relativamente ao seu grande romance *A cabana do pai Tomás*, extraio da *Light* (1898, pág. 96) as seguintes informações:

> A sra. Howard, amiga íntima da sra. Beecher-Stowe, forneceu essas curiosas indicações relativamente às modalidades nas quais o famoso romance foi escrito. As duas amigas estavam em viagem e pararam em Hartford para passarem a noite em casa da sra. Perkins, irmã da sra. Stowe. Elas dormiram no mesmo quarto. A sra. Haward despiu-se imediatamente e ficou, do seu leito, observando sua amiga ocupada em pentear, automaticamente, seus cabelos anelados, deixando transparecer em seu rosto intensa concentração mental. Neste ponto, a narradora continua assim: "Finalmente Harriet pareceu sair desse estado e disse-me: Recebi, nesta manhã, cartas de meu irmão Henry que se mostra bastante preocupado a meu respei-

to. Ele teme que todos esses elogios, que toda esta notoriedade que se criou em torno de meu nome, produzam o efeito de provocar em mim uma chama de orgulho que possa prejudicar minh'alma de cristã. Isto dizendo, pousou o pente, exclamando: Meu irmão é, incontestavelmente, uma bela alma, porém ele não se preocuparia tanto com este caso se soubesse que este livro não foi escrito por mim. – Como, perguntei eu, estupefata, não foi você quem escreveu *A cabana do pai Tomás*? – Não, respondeu ela, não fiz outra coisa senão tomar nota do que via. – "Que esta dizendo? Então você nunca foi aos Estados do Sul?" – "É verdade, todas as cenas do meu romance, uma após outra, se me desenrolaram diante dos olhos e eu descrevi o que via." – Perguntei ainda: – Pelo menos você regulou a sequência dos acontecimentos. – De modo algum, respondeu-me ela; sua filha Annie me censura por ter feito morrer Evangelina. Ora, isto não foi por minha culpa; não podia impedi-lo. Senti-o mais do que todos os leitores; foi como se a morte tivesse atingido uma pessoa de minha família. Quando a morte de Evangelina se deu, fiquei tão abatida que não pude retomar a pena por mais de duas semanas. Perguntei-lhe então: E sabia que o pobre pai Tomás devia, por sua vez, morrer? – Sim, respondeu-me ela, isto eu o sabia desde o princípio, porém ignorava de que morte iria morrer. Quando cheguei a este ponto do romance, não tive mais visões durante algum tempo.

Em outro número da mesma revista, (1918, p. 325), relatou-se o seguinte episódio sobre o mesmo assunto:

> Certa tarde, a sra. Beecher-Stowe passeava sozinha, como de hábito, no parque. O capitão X. viu-a, aproximou-se dela e, descobrindo-se respeitosamente, disse-lhe: Na minha mocidade, li também com intensa emoção *A cabana do pai Tomás*. Permiti-me apertar a mão da autora do célebre romance. A escritora, septuagenária, estendeu-lhe a mão, notando, entretanto, vivamente: Não fui eu quem o escreveu. – Como, não foi a Sra.?, perguntou o Capitão, surpreso. Quem o escreveu então? – Ela respondeu: *Deus a escreveu. Foi Ele quem ma ditou.*

No primeira das duas passagens acima, que acabo de citar, nota-se uma emergência espontânea da subconsciência da autora, consistindo em visões cinematográficas que traçam a ação do romance, o que oferece grandes analogias com as modalidades da cerebração donde saíram romances de outros autores de gênio, tais como Dickens e Balzac. Estes últimos, por sua vez, viam desfilar, subjetivamente, as cenas e os personagens que *tinham imaginado*. A diferença entre as suas visões e as da sra. Beecher-Stowe parece, então, consistir nesta última circunstância: eles assistiam ao desenvolvimento de acontecimentos que a sua imaginação consciente tinha criado, ao passo que a sra. Beecher-Stowe assistia, passivamente, ao desenrolar de eventos que não tinha criado e que estavam, muitas vezes, em oposição absoluta à sua vontade, pois que, por ela, não teria feito morrer duas santas personagens do seu romance.

Esta circunstância é importante e parece fazer distinguir as visões subjetivas, comuns aos escritos de gênio, das tidas pela sra. Beecher-Stowe, da mesma maneira que as 'objetivações de tipos', estereotipadas e automatizadas, que se obtêm pela sugestão hipnótica, não apresentam nada de comum com as personalidades mediúnicas, independentes e livres, que se manifestam por intermédio de verdadeiros médiuns.

A presunção de que não se tratava de visões puramente subjetivas adquire mais eficácia ainda graças à segunda das duas passagens já citadas, na qual a sra. Beecher-Stowe declara, explicitamente, ter transcrito seu romance como ele lhe fora ditado, o que prova que a célebre autora era médium escrevente, circunstância que se acha confirmada por fatos assinalados na sua biografia, segundo os quais ela era sujeita a "fases de ausência psíquica" que eram, com toda verossimilhança, estados superficiais de transe.

Em outro ponto de vista, faço notar que a exclamação da sra. Beecher-Stowe: "Deus o escreveu", subentende que o ditado mediúnico se realizou sob forma anônima, isto é, que o agente espiritual operante ocultava a própria individualidade, limitando-se, ao que parece, a cumprir na Terra a missão de que se encarregara: a de contribuir, eficazmente, graças a uma narrativa emocionante e pungente, para a obra humanitária da redenção de uma raça oprimida.

Julguei poder tirar do caso a conclusão que venho de narrar. Todavia, não insisto nela, considerando que estas induções não são suficientes para concluir a favor da origem realmente espírita do romance em questão.

É necessário, todavia, notar que as bases sobre as quais repousam as induções a favor de uma explicação puramente subjetiva dos estados da alma por que passou a autora, quando trabalhava em seu grande romance, parecem bem mais fracas, quando são analisadas, que as da interpretação espírita dos mesmos fatos.

II

Passo a analisar um segundo caso do mesmo gênero, o qual se deu na Itália, há vários anos. É um caso que não pode ser chamado de *transição* como o precedente, especialmente porque nele não se encontra a incerteza teórica proveniente do fato de não ter a personalidade comunicante desvendado sua presença. Neste outro episódio, ao contrário, as personalidades mediúnicas declaram, explicitamente, o que elas são. Infelizmente, no ponto de vista demonstrativo, as modalidades, nas quais se produzem aqui os ditados mediúnicos, faltam em tal medida que isto suscita perplexidades muito mais fortes que as do caso precedente. O prof. Francesco Scaramuzza era diretor da Academia de Belas-Artes de Parma, onde ensinava pintura, arte na qual atingira notável excelência.

Faltava-lhe, todavia, cultura literária, dado o fato de ter deixado de frequentar a escola na idade de 14 anos a fim de ganhar a vida. Durante a sua mocidade, ocupou-se, por muito tempo, de experiências de magnetismo animal, que praticara com sucesso. Tornou-se espiritista quando já atingira uma idade bastante avançada, e, aos 64 anos, as faculdades de médium escrevente nele se manifestaram, mas durante apenas 3 anos (1867–1869). Durante esse curto espaço de tempo, escreveu, com vertiginosa rapidez, enorme quantidade de obras poéticas de todas as espécies.

Entre elas, mister se faz assinalar, um volumoso poema em oitavas (29 cantos, 3.000 oitavas) intitulado "Poema Sacro", assim como duas comédias em verso dos quais o espírito de Carlo Goldoni seria o autor. Essas comédias são vivas, brilhantes, muito bem concebidas e finamente urdidas, com todo o sabor da arte goldoniana.

Outro tanto, porém, não se poderia dizer do "Poema Sacro", que foi ditado pelo espírito do grande poeta Ludovico Ariosto. Trata-se, neste poema, de assuntos muito elevados, tais como a natureza de Deus, a gênese do universo, a criação dos sois e dos mundos, a origem da vida cósmica, os fins da vida, os destinos do espírito individualizado graças à passagem pela vida da carne. Encontram-se, aqui e acolá, imagens magníficas, compreensíveis, grandiosas, mas quase sempre expressas em linguagem pobre e em versos fracos e vulgares. Os conceitos cosmogônicos que aí se encontram parecem racionais e aceitáveis; eles se elevam, por vezes, a uma real altura filosófica, por exemplo, quando tratam da imanência de Deus no universo, revelando-se aos mortais sob a forma de movimento e quando se analisam o tempo e o espaço, "atributos de Deus", pois que eles são infinitos como Deus o é, o que, passando de uma dedução à outra, leva a personalidade mediúnica, comunicante, a tender para uma concepção idêntica à hipótese do "Éter-Deus". Experimenta-se, quase, um sentimento de tristeza, vendo-se que pensamentos filosoficamente sublimes são expressos em versos tão banais e sob uma forma tão vulgar. Entretanto os versos são justos e fáceis, as rimas quase sempre espontâneas, o que revela uma familiaridade indiscutível com a técnica do verso por parte da entidade que se comunicava. Esta se lastima, muitas vezes, de que o seu médium revista as ideias que lhe transmite sob uma forma poética descuidada, observando, porém, que não o pode impedir. É preciso reconhecer que existe um fundo de verdade nestas afirmativas da personalidade em questão, pois que elas concordam com os conhecimentos que se possuem, atualmente, sobre o assunto, graças a experiências de transmissão telepática do pensamento tendentes a demonstrar que o pensamento só pertence à mentalidade do *agente*, ao passo que a forma de que ele é revestida pertence à elaboração subconsciente do *percipiente*. É então necessário deduzir daí que, se, como acontece neste caso, o médium é um homem desprovido de cultura literária, ele só poderia expressar, muito mal, as ideias que lhe seriam transmitidas, telepaticamente, pela personalidade mediúnica de que provém a comunicação.

É o que se pode invocar, em favor da origem estranha ao médium, desse "Poema Sacro". Se ele nos surpreende, isto se deve à elevação filosófica de algumas de suas partes; porém, com relação à identificação pessoal do suposto espírito que se comunicava, é preciso reconhecer que aí nada se encontra que seja de molde a reforçar, diretamente, a presunção de que possa, efetivamente, tratar-se de Ariosto, salvo a beleza de algumas imagens, ainda que estejam, constantemente, empanadas pela vulgaridade da forma. Ao mesmo tempo, é preciso reconhecer, não menos francamente, que, se se quer tudo atribuir às faculdades de elucubração artística inerentes à subconsciência do médium, fica o problema bastante obscuro e embaraçoso.

De fato, o médium não só não tinha cultura literária como nada conhecia de ciência e filosofia. Donde brotaria, então, a inspiração grandiosa de certas partes de seu sistema cosmogônico? Mister se faz não esquecer o fato surpreendente de o médium ter, em três anos apenas, além do "Poema Sacro", em 29 cantos e 3.000 oitavas – um volume de 915 páginas, – escrito duas comédias em verso atribuídas a Carlo Goldoni, treze longos contos, igualmente em versos, dois cantos em estâncias de três versos, um melodrama, uma tragédia, cinco poesias cômicas assinadas pelo seu falecido tio, e que escrevera, efetivamente, versos dessa espécie durante sua vida, e, enfim, um grosso volume de poesias líricas. Trata-se de uma produção literária colossal, sempre fraca no ponto de vista da forma, porém muitas vezes boa, algumas vezes mesmo excelente, do ponto de vista da substância, imagens, profundeza de pensamento filosófico.

De toda a maneira, concordo francamente que não é o caso de se parar, ulteriormente, no comento da produção mediúnica de Scaramuzza, embora não apresente dados suficientes para dela tirar deduções mais ou menos legítimas em favor de uma ou de outra das hipóteses explicativas antagônicas, que dividem o campo da metapsíquica.

Provavelmente, nem uma nem outra das hipóteses em questão poderia bastar para explicar essa produção literária, se a considerarmos isoladamente. Seríamos, então, levados a concluir que, nesses casos, as interferências subconscientes poderiam alternar-se, de maneira inexplicável, com irrupções fugazes de inspiração supranormal, cuja natureza ainda não está definida.

III

Agora, já que falei de um caso que se passou na Itália, direi duas palavras sobre um outro, inteiramente recente, que se produziu em um grupo de experimentação na Lombardia, onde se manifestou uma entidade que afirmava ser o espírito de um escritor falecido muito jovem, havia poucos anos.

Fora ele, em vida, autor genial de novelas com traços característicos de estilo, de forma de imaginação difícil de imitar-se. Ora, aconteceu que a entidade em questão, a título de prova de identificação pessoal, ditou vários contos absolutamente conformes aos que escrevera quando vivo.

Esses documentos mediúnicos foram publicados. A pessoa que tomou a iniciativa disto enviou-me um exemplar do obra e eu fiquei surpreso com a semelhança incontestável da técnica literária e da imaginação criadora existentes entre os contos escritos durante sua vida e os ditados pela entidade comunicante.

Propus-me, então, a analisar, a fundo, o caso em apreço, na presente monografia. Infelizmente, os pais do falecido moço se opuseram à divulgação da obra, o editor teve de retirá-la de circulação e se me proibiu de falar dela.

Isto é tanto mais deplorável quando se trata de documentos mediúnicos donde sobressairiam detalhes mais instrutivos e sugestivos que não comportam a maior parte dos escritos dessa espécie.

O que me consola um pouco é pensar que, como nenhuma vontade humana pode impedir o defunto de continuar a se manifestar, ditando produções literárias com o fito de demonstrar sua sobrevivência, outras provas virão juntar-se às primeiras e o caso de identificação do autor terá cada vez mais valor, esperando-se o dia em que for levantado o veto injustificado pela vontade daqueles que o impuseram, ou por qualquer outro motivo.

IV

Nada querendo omitir na enumeração dos casos especiais de que me ocupo neste estudo, devo ainda tocar no tão conhecido episódio relativo ao romance de Charles Dickens: *Edwin Drood*, que ficou inacabado por ocasião do falecimento deste e que o espírito do romancista teria, ele próprio, terminado *post mortem*, por intermédio do médium T. P. James, jovem operário mecânico dos Estados Unidos da América, sem cultura literária de espécie alguma.

O caso se deu em 1873 e parece incontestavelmente autêntico. As condições nas quais se desenrolou essa série de sessões são bem interessantes e muito conhecidas também, sobretudo devido à obra de Aksakoff, não havendo, portanto, necessidade de recordá-las. A origem supranormal da obra mediúnica em questão foi, alternativamente, afirmada e contestada por numerosos comentadores que o fizerem, empregando, igualmente e com a mesma eficácia, a análise comparada das duas partes – a autêntica e a póstuma – do romance em questão. Os que são favoráveis à solução puramente consciente do enigma tratam, sobretudo, de salientar e comentar os defeitos e as incoerências de natureza geral. Assim, por exemplo, a sra. Fairbanks faz notar que se encontrou, nos papeis póstumos de Charles Dickens, uma cena que este autor escrevera, com antecedência, para a segunda parte do seu romance; ora, esta cena foi ignorada no ditado mediúnico. A sra. Vessel nota, por sua vez, que, lendo essa segunda seção póstuma do romance em apreço, encontrou, pela primeira vez, Dickens monótono e pesado. Ao contrário, os que sustentam a proveniência, autenticamente espírita do ditado mediúnico, não deixam de ter bons argumentos para fazerem valer. Eles fazem notar que a narração é retomada no ponto exato em que Dickens a interrompera, ao morrer.

Isto se dá com tal naturalidade que a crítica mais sagaz não seria capaz de assinalar o ponto em questão.

Fazem da mesma maneira sobressair detalhes de forma, de estilo, de construção, de ortografia, realmente eloquentes no sentido afirmativo. Assim, por exemplo, a palavra *traveller* (viajante) está constantemente escrita com 'I' duplo, como se escreve na Inglaterra, enquanto nos Estados Unidos. da América se escreve com um 'I' só. A palavra *coal* (carvão) está invariavelmente escrita com um 's' final, à maneira dos ingleses e não segundo o uso dos americanos. Finalmente, passa-se, no ditado mediúnico, do tempo passado ao presente, sobretudo nas cenas movimentadas, hábito característico de Dickens, o que não se dá com os outros romancistas.

Sir Conan Doyle, analisando, por sua vez, esse caso, em um artigo publicado na *Fortnightly Review* (dezembro de 1927), salienta outras analogias do mesmo gênero, começando pelos títulos dos capítulos, que guardam, constantemente, na obra mediúnica, a impressão original dos títulos caros a Dickens. Ele cita, além disto, duas passagens descritivas, extraídas do ditado mediúnico, as quais põe em confronto com duas passagens do mesmo gênero, tiradas da parte autêntica do romance, sem indicar os textos a que pertenciam os diferentes trechos e convida os críticos a distinguir as autênticas das mediúnicas. Sir Arthur declara que a coisa não está longe de ser fácil, dada a identidade do estilo e da forma, assim como sua beleza literária, sinal do mesmo temperamento artístico.

Apesar disto, sir Arthur também reconhece que o verdadeiro Dickens teria provavelmente feito agir, de modo diferente, certos personagens do romance, porém observa:

> Parece-me, entretanto, que não se deveria insistir muito sobre este ponto, sem pretender que um Dickens, entorpecido por sua união com o médium James, deva ficar, mentalmente, tão ágil como um Dickens, senhor absoluto de si próprio. É preciso, logicamente, admitir qualquer coisa a este respeito.

Noto, por minha vez, que esta última consideração está conforme ao que já fiz observar a propósito dos ditados mediúnicos de Francesco Scaramuzza.

Não obstante isto, Conan Doyle conclui dizendo que, no romance póstumo em questão, "está-se bem longe ainda de ficar-se autorizado a afirmar a existência de uma inspiração real da parte do grande romancista".

É neste sentido que concluiremos também, isto é, que, se os processos da análise comparada, ainda esta vez, são, em seu conjunto, mais favoráveis à hipótese mediúnica do que à contrária, esta circunstância não autoriza, entretanto, a formação de juízos precisos a tal respeito. Deve-se, mais, reconhecer que o caso Dickens ainda não pode ser registrado entre os que servem para fazer pender a balança das probabilidades, a favor da interpretação espírita dos fatos.

V

No caso de que vou ocupar-me, pode-se assinalar o primeiro passo decisivo no domínio supranormal, ainda que se fique bem perplexo quando se quer definir a verdadeira natureza da manifestação supranormal ocorrente. Quero falar do caso muito conhecido: "William Sharp-Fiona Macleod", no qual se vê aparecer a misteriosa união de dois escritores, de caráter muito diferente, em uma só pessoa.

O crítico literário sr. F. E. Leaning, que fez um estudo aprofundado do caso em questão, começa assim seu artigo, aparecido na *Light* (1926, p. 218):

> Nos primeiros meses do ano de 1890, o mundo literário inglês foi agradavelmente surpreendido com a publicação de um romance e de uma coleção de versos que traziam o nome de Fiona Macleod. Embora este nome fosse des-

conhecido de todo o mundo, era evidente que se tratava de uma estrela de primeira grandeza que surgia no horizonte das letras. Foi o que, de fato, se deu, e durante dez anos ela brilhou com um esplendor incomparável, fazendo as delícias dos amadores de uma literatura que se inspirava nas origens célticas. O sucesso incontestável desta série de obras literárias, saturadas de estranho encanto, que prendia e entusiasmava os leitores, não devia surpreender, de tal modo estavam vivificadas por um 'sal céltico', espalhado às mãos cheias. A prosa continha mais poesia do que uma multidão de poetas poderia conceber. Foi assim que a obra de Fiona Macleod encantou os corações de uma geração inteira. O grande Meredith saudara a novel escritora como uma mulher de gênio e autores como Yeats e Russell acolheram-na como seu êmulo. Quando lhe pediram que lhes fornecesse algumas informações sobre sua pessoa, disse ser nascida, há mil anos, de um pai chamado "Sonho" e de uma mãe chamada "Romance", numa residência situada lá onde o arco-íris toma sua forma.

Naturalmente, o mistério de que se cercava a amável escritora fez com que diversas pessoas sonhassem com a fantasia e algumas mesmo chegaram até a adivinhar a verdade, mas estas foram logo neutralizadas pelo mais solene desmentido ou bem reduzidas ao silêncio, desvendando-se-lhes o mistério, depois de se lhes ter feito jurar guardar segredo. Este foi, efetiva-

> mente, bem guardado até a morte do autor, que ocorreu em 1905. Foi então que o mundo literário ficou estupefato e um zumbido de abelhas em enxames se formou em todas as revistas, quando se soube que a misteriosa mulher de letras, cheia de graça e de fantasia femininas, com a qual vários autores haviam flertado de longe, era a mesma pessoa que o publicista e romancista William Sharp.

Tal é a descrição proveitosa na qual F. E. Leaning narra o sucesso literário triunfal da misteriosa Fiona Macleod, terminado pelo desfecho que se acaba de ler.

A viúva de William Sharp publicou um volume de memórias biográficas de seu marido, expondo os fatos na sua crônica verdadeira e detalhada, com o fim de facilitar a tarefa dos psicólogos desejosos de analisar o caso. Soube-se, pelo volume em apreço, que William Sharp era "sensitivo" e "vidente", desde a sua primeira infância. Ele percebia em torno de si companheiros de brinquedos invisíveis, via os "espíritos das árvores", o "espírito da natureza" que lhe apareciam sob formas gigantescas ou anãs. Certo dia, teve a visão da "fada dos bosques", sob o aspecto de uma mulher de grande beleza que ele chamou de "Olhos de estrela".

Tinha sete anos quando a viu pela primeira vez durante um dia quente verão, ereta e esplêndida, no meio de flores campestres, de campânulas azuis. Tal encanto, tal amor, se desprendiam de seus olhos que o menino se atirou nos braços dela. Acharam-no lá, na relva, choroso e lamentoso, pedindo, apaixonadamente, para rever a bela dama de "cabelos de ouro luminoso".

Disseram-lhe que ele tinha sido ofuscado pelo sol e que havia tido um belo sonho. Sharp acrescenta: "Nada disse. Tranquilizei-me, mas não me esqueci da visão". E quando o menino cresceu, quando se tornou publicista e romancista, "a fada dos bosques", sob o nome de Fiona Macleod, interveio, ditando por 'inspiração' romances e poemas saturados de graça feminina, de fantasias, de sonhos, de reminiscências célticas de há mil anos. Tal foi, pelo menos, a convicção profunda de William Sharp, que sofria, entretanto, momentos de incertezas, provenientes da circunstância de que era sujeito a emergências altamente sugestivas, de recordações pessoais de uma outra existência, vivida como mulher, o que o levava, por vezes, a identificar-se como Fiona Macleod.

Na página 301 das "Memórias" em questão, a viúva fala, nos seguintes termos, das diferenças radicais existentes entre o modo de seu marido compor quando personificava Fiona Macleod e quando escrevia por sua própria conta:

> Durante os anos que Fiona Macleod desenvolveu, tão rapidamente, sua própria personalidade, seu colaborador experimentava a necessidade de sustentar, nos limites do possível, a reputação que havia adquirido na qualidade de William Sharp. Ele estava mesmo ansioso por

> não perdê-la, mas havia uma diferença radical entre as modalidades de produção dos dois gêneros literários. Os escritos de Fiona Macleod eram a consequência de um impulso interior irresistível: ele escrevia porque era obrigado a exprimir o que lhe brotava do espírito, sem ser procurado, pouco importando se isso lhe causava prazer ou tristeza. Quanto ao escritor William Sharp, ele produzia com modalidades diametralmente opostas às da sua personalidade gêmea: escrevia porque havia decidido fazê-lo e polia cuidadosamente a forma do que escrevia. Finalmente, ele escrevia porque as necessidades da vida lhe impunham...

Fica então demonstrado que William Sharp escrevia, por um impulso estranho à sua vontade, as obras de Fiona Macleod, o que deixa supor que ele era médium inspirado. Isto, aliás, ressalta, em toda a parte, de modo certo, de várias passagens das memórias publicadas por sua viúva. Assim, por exemplo, na página 424, ela escreve:

> Achei-me, muitas vezes, ao lado dele, quando caía em transe; então todo o ambiente palpitava, tudo entrava em intensa vibração. Deploro não ter tomado logo notas destas experiências que eram frequentes e constituíam um traço característico de nossa vida íntima.

E William Sharp, escrevendo à sua mulher, em data de 20 de fevereiro de 1895, assim se exprimia:

> Que coisa bizarra e eletrizante é o fato de existirem em mim duas pessoas, ainda que íntimas! E entretanto elas são tão diferentes! Sinto às vezes como se Fiona estivesse adormecida no quarto ao lado e eu me surpreendesse em atitude de escutar para lhe perceber os passos ou ver abrir a porta e Fiona aparecer. Quando, porém, ela se comunica comigo, é falando, interiormente, em voz baixa. Espero agora, com ansiedade, saber como desenvolverá ela o assunto do novo romance The mountain lovers. Como é estranha esta impressão de sentir-me aqui sozinho com ela. (p. 244)

A certeza de ter uma companheira invisível, na vida, estava de tal modo arraigada nele que ela o levava a coisas curiosas. Assim, por ocasião da data do seu nascimento, ele escreveu a si próprio uma carta de felicitações provinda de Fiona; em seguida escreveu outra de agradecimentos a ela e colocou ambas no correio. Encontraram-se em sua biblioteca vários volumes com a dedicatória: "A William Sharp, sua colaboradora e amiga Fiona Macleod."

Ao que parece, essas dedicatórias eram autênticas, sob certo ponto de vista, pois que provinham de uma personalidade mediúnica que as firmava e eram transcritas automaticamente pelo médium.

Um amigo de juventude de William Sharp narra na *Light* (1910, p. 598) um episódio que confirma ulteriormente sua mediunidade. Escreve ele:

Há vários anos (por volta de 1878), fiquei conhecendo William Sharp e tornei-me seu amigo. Ele não era ainda casado e morava em um pequeno apartamento, perto do nosso. Certo dia, aconteceu-me fazer referências, em conversa, ao néo-espiritualismo e ele declarou que nunca assistira a experiências dessa natureza e que as veria com prazer, se uma oportunidade se lhe apresentasse. Convidei-o então para tomar parte no nosso círculo familiar. Alguém perguntou: "Quem são os guias espirituais do sr. Sharp?" A mesa respondeu, lentamente, um nome da família escocesa "Macleod" (não me lembro bem do nome próprio que deu). Isto me levou a perguntar ao sr. Sharp: "Seus antepassados eram escoceses?"

Alguns anos mais tarde, convidei-o para ir à minha residência, por ter necessidade de um seu conselho, a respeito do título de um livro de versos que desejava publicar e confiei-lhe que havia escrito vários poemas do volume por 'inspiração'. Ele exortou-me, vivamente, a ocultar isto se não quisesse comprometer-me perante os críticos... Em outra ocasião e a propósito dos poemas de Fiona, ele me exprimiu a mesma preocupação: "Fiona morre se descobrem o segredo de sua existência."

Parece-me que tudo isto basta para esclarecer o mistério. Sharp era médium inspirado, mas temia que o descobrissem. As admiráveis coleções de versos que publicou constituíam

> impressões de uma inteligência espiritual que era verossimelmente seu espírito guia: "seu nome devia ser realmente aquele que tinha sido transmitido, pela primeira vez, em nosso círculo familiar: MACLEOD – o que se verificou vários anos antes que Fiona Macleod se manifestasse a Sharp.

Sem dúvida, se nos propuséssemos examinar os fatos sob um ponto de vista estritamente psicológico, poderíamos pensar em um caso de personalidades alternantes. Há, porém, muitas diferenças entre os casos patológicos das personalidades múltiplas provenientes do fenômeno de desintegração psíquica e o caso que estudamos aqui. No *Journal of the Society for Psychical Research* (vol. XVX, p. 57), assinalaram-se algumas dessas diferenças radicais:

> As duas personalidades de William Sharp – escreve o crítico – eram coordenadas entre si, sob certo ponto de vista: não se notava nenhuma superioridade nítida e precisa de uma sobre outra, tanto moral como intelectualmente; as alternativas, com as quais se manifestavam, não pareciam associadas a elementos patológicos. Eram ambas acentuadas por um temperamento muito sensitivo e em alta tensão, mas nenhuma das duas mostrou jamais lacunas no seu equilíbrio mental e no controle de si mesmas. Ambas produziram obras literárias de uma beleza especial, embora Fiona ultrapassasse muito a outra em originalidade, em poder descritivo e em

> imaginação. Além disto, o traço característico das personalidades alternantes: o das notáveis variações de humor entre elas – variações que determinam mudanças mais ou menos grandes no caráter e conduzem a uma alternativa real das personalidades é considerado pelos psicólogos como sendo dependente do fato de que há ou não lacunas mnemônicas entre os diferentes estados mentais... Ora, não havia lacuna mental entre William Sharp e Fiona Macleod e a conclusão de que deve tratar-se de duas personalidades diferentes parece fundar-se na impressão precisa e insofismável de que assim era, experimentada pelas próprias personalidades, impressão que não parecia, todavia, excluir a outra, segundo a qual havia entre elas uma unidade misteriosa, oculta sob as diferenças.

Assim como fiz notar anteriormente, esta última impressão de Sharp sobre a existência de uma unidade fundamental, apesar da diferença existente entre a personalidade de Fiona e a sua própria, era causada por especiais reminiscências segundo as quais lhe parecia ter vivido uma outra existência sob a forma de uma mulher.

A este respeito, declaro francamente que essas espécies de impressões experimentadas por William Sharp não se prestam, de modo algum, a esclarecer o mistério, longe disto! Com efeito, se a hipótese psicológica das personalidades alternantes parece facilmente eliminável, estando em contradição evidente com o conjunto dos fatos as outras duas hipóteses, que devem ser tomadas em consideração, reconhecendo-se-lhes igualdade de direitos (pois que as impressões experimentadas pelo protagonista não se contam para a pesquisa das coisas), não parecem facilmente conciliáveis entre si. Se apenas se trata de uma entidade espiritual, que tivesse transmitido telepaticamente suas criações literárias ao médium, o caso em questão poderia ser explicado muito facilmente; a hipótese reencarnacionista, porém, contribui para obscurecê-la. Com efeito, nestas condições, seria necessário admitir que uma fração da personalidade integral do médium – fração representando uma de suas próprias individualizações encarnadas, que existiu em época recuada, – tenha podido emergir e se manifestar à sua individualização atualmente encarnada, nas condições de intelectualidade que a caracterizaram.

Compreende-se que esta suposição é muito fantástica, literalmente gratuita e teoricamente inconcebível. A melhor solução do mistério consistiria então em retornar à hipótese de uma Fiona Macleod, espírito-guia de William Sharp, e aí parar. Neste caso, se poderia resolver legítima e racionalmente o problema das reminiscências, fazendo notar que as impressões do médium, que se sentia às vezes invadido por sentimentos femininos com reminiscências de uma vida passada sob a forma de uma mulher, deveriam ser atribuídas à circunstância da realização de interferências fugitivas entre a consciência normal do médium e a memória pessoal do espírito-guia que lhe controlava então o órgão cerebral e lhe influenciava telepaticamente o pensamento.

Faço notar que, nas experiências de psicometria, encontra-se muitas vezes a circunstância de terem os sensitivos a impressão de ser identificados na personalidade de um vivo ou de um morto, com o qual entram em relação, a ponto de experimentarem as idiossincrasias de temperamento deles, com o despertar de reminiscências a respeito de suas modalidades de existência, impressões do meio no qual viveram, como se estivessem momentaneamente unificados com eles, embora conservando a própria consciência.

Na minha monografia *Os enigmas da psicometria*, citei exemplos nos quais esta identificação do sensitivo nos acontecimentos da existência de outras pessoas se realiza, mesmo quando se trata de colocação em relação com animais.

VI

Lembro que há alguns anos, tendo consagrado longo estudo à análise das admiráveis provas de identificações pessoais fornecidas pela entidade Oscar Wilde,[1] o célebre poeta e dramaturgo inglês, nas suas comunicações por intermédio da médium Esther Dowden, terminei observando que, no caso em questão, foram dadas todas as provas cumulativas que se estava razoavelmente com o direito de exigir nestas circunstâncias.

Enumerei, com efeito, a transmissão das numerosas provas pessoais, ignoradas de todos os assistentes e das quais se constatou a autenticidade; a prova memorável da identidade da escrita, seguida, de modo impecável, no decorrer de várias centenas de páginas; a prova mais importante ainda

[1] Nota da editora: Bozzano se refere ao artigo "*Le retour d'Oscar Wilde*", incluído na obra *Cinco Excepcionais Casos de Identificação de Espíritos* (Instituto Lachâtre), sob o título "Surpreendente Caso de Identificação Espírita".

da identidade do estilo, ou, para melhor dizer, dos dois estilos que caracterizavam a personalidade literária do defunto; enfim, a mais concludente ainda, da emergência da personalidade intelectual e moral de Oscar Wilde com todas as variedades de seu caráter: personalidade complexa, original, inimitável. Depois do que acrescentei:

> Noto, finalmente, que Oscar Wilde prometeu por fim acrescentar às provas fornecidas, até aqui, uma nova demonstração: a de uma comédia póstuma com o auxílio da sua médium.

Ele manteve a palavra. A comédia foi ditada à médium logo depois da publicação de seu livro: *Psychic messages from Oscar Wilde*. Esther Dowden (Travers-Smith) dá a este respeito as seguintes informações:

> Nunca fui admiradora das obras de Oscar Wilde, pois sua personalidade nunca me prendeu a atenção. Creio racionalmente concluir então que minha mão tem escrito informes e escritos que não provêm de mim. Oscar Wilde viveu em uma época que não foi a minha; suas obras exalam uma atmosfera literária muito diferente das obras dos nossos dias. Não posso tornar para trás, ao período de 1880, como ele fazia; ele não pode se emancipar dos gostos literários e dos costumes do seu tempo, do qual nada me lembro. Ora, é nesta condição mental

que consiste o traço característico mais saliente de todas as suas mensagens mediúnicas e de sua comédia. Quando me ditava, pediu-me que o informasse sobre os gostos literários e costumes de nossa época e eu lhe expliquei as mudanças radicais que se tinham efetuado, mas ele não o levou em conta e não quis se emancipar dos costumes do meio em que viveu.

Pessoalmente, considero que a prova mais convincente que se pode imaginar em favor da sobrevivência da alma é a que se refere à personalidade intelectual e moral dos defuntos que se comunicam. As indicações relativas à existência terrestre, sobretudo se desconhecidas de todos os assistentes, são importantes e convincentes, mas quase sempre suscetíveis de serem explicadas pela hipótese das reminiscências latentes nas subconsciências dos assistentes (*criptomnesia*). Nenhuma intenção tenho de contestar a importância desses informes, que constituem a base sobre a qual repousam as pesquisas experimentais concernentes à questão da sobrevivência; sem elas não se poderia considerar como a identificação do defunto tenha sido provada. Entretanto, cada vez que as informações desse gênero constituem as únicas provas de que dispomos, não podemos considerar-nos autorizados a afirmar que a personalidade do defunto comunicante estava realmente presente ou que o espírito sobrevive à morte do corpo. É a mentalidade do morto que é preciso salientar nas manifestações mediúnicas; é a sua personalidade intelectual e moral, com todos os matizes do seu temperamento e a maneira de compor as frases que o caracterizavam. Eis o que devemos examinar experimentalmente se queremos chegar a dissipar qualquer dúvida relativamente ao problema do além. Penso que, no domínio das pesquisas psíquicas, não se compreendeu ainda toda a importância decisiva que reveste a *personalidade psíquica* da entidade que se comunica e que deveria ser o elemento essencial nas provas de identificação espírita.

Quando as mensagens de Oscar Wilde se sucediam diariamente, eu lhe perguntava se não podia ditar-me alguma obra literária, a título de prova ulterior de sua presença. Dirigindo-lhe este pedido, não pensava absolutamente em uma produção de teatro mas, antes, em *seus Ensaios literários*, onde, a meu ver, se acha o que de melhor o seu talento produziu. Foi o próprio Oscar Wilde que me declarou que ia escrever uma comédia e que se sentia em condições de fazê-lo. Quanto a mim, fiquei antes cética a esse respeito: Tinha notado, com efeito, que, na mediunidade psicográfica, as sessões curtas são as únicas que dão bons resultados e considerava então como irrealizável o seu projeto de me ditar uma comédia inteira.

As primeiras tentativas pareceram, de fato, justificar meu ceticismo: Oscar Wilde era um comunicante indeciso, difícil, autoritário, por vezes de um humor muito desagradável. Durante as primeiras cinco ou seis sessões, ele discutiu comigo a respeito das condições mediúnicas;

informou-me que tinha já concebido o cenário de uma comédia inteira, que eu nada tinha a me preocupar; que se sentia em condições de dispor as cenas, de escolher os nomes dos seus personagens, de desenvolver os diferentes caracteres utilizando eficazmente a técnica do drama. Fiz-lhe notar que as antigas modalidades tradicionais dos cenários tinham sofrido, em nossos dias, grandes mudanças, como, por exemplo, os "à parte" tinham sido abolidos. Ele respondia, da mesma maneira, a todas as minhas observações, isto é, advertindo-me que eu não era autora dramática e que como ele já tinha em sua cabeça todo o entrecho do drama, não poderia desistir...

Com efeito, desde o começo, era manifesto que Oscar Wilde tinha organizado, em seu espírito, todo o enredo da comédia, ainda que não chegasse a desenvolver seu diálogo do modo que desejava. Devo reconhecer, sinceramente, que a falta era minha, pois estava nessa época sobrecarregada de trabalhos urgentes que me absorviam a atividade.

Durante os meses de junho e julho de 1923, o primeiro ditado do drama foi executado; ele tão-só constituía, entretanto, uma espécie de rascunho que foi repudiado pelo autor. Não quero dizer com isto que ele tenha depois refeito a ordem das cenas, pois essa ficou tal qual era, mas os caracteres dos personagens foram, ao contrário, sensivelmente reformados.

Depois, no mês de agosto, pude consagrar, regularmente, três ou quatro sessões por semana a Oscar Wilde: isso se dava habitualmente das 11 às 13 horas.

O sistema de trabalho que Wilde tinha adotado consistia em um retorno contínuo para trás. Quando ele tinha ditado um ato de sua comédia, minha auxiliar – srta. Cummins – devia relê-lo em alta voz, e Oscar Wilde a interrompia a todo o instante, sugerindo correções que sempre constituíam uma melhora sensível sobre o que ditara precedentemente. Sua diligência era extraordinária, ela excedia muito minha força de trabalho. Ele refazia, aperfeiçoava, intercalava um período com cuidados tão meticulosos que se tornava penoso continuar, tal o sentimento pesado de monotonia que, transformando-se em sonolência, me causava.

Tinha resolvido nunca reler o que tinha sido transmitido mediunicamente, a fim de evitar que a minha mente subconsciente pudesse exercer certa influência sobre o ditado em curso; pensava então que não havia nessa comédia nenhuma ideia coerente e me sentiria desencorajada se a srta. Cummins não estivesse aí para garantir-me, de tempos em tempos, que o tema se desenvolvia, diariamente, de maneira precisa e interessante.

A obra dramática foi intitulada por seu autor: *Uma comédia extraordinária*. Se ela devesse ser representada, duvido que os diretores de teatro consentissem em conservar tal título, mas creio que Oscar Wilde não veria com bons olhos a modificação.

Oscar Wilde explicou que se propusera delinear na sua comédia a continuidade inalterada da existência humana – nos seus alvos e nas suas aspirações – assim também antes como depois da crise da morte, e que, por consequência, o último ato ia desenrolar-se no mundo espiritual. Quando ele exprimiu esta proposta, voltou-me o desânimo, sabendo bem eu que nada é tão árduo em literatura como inserir cenas do além em uma comédia. Quando se quer aí introduzir este elemento, vai-se, inevitavelmente, ao encontro do insucesso. Tais eram minhas preocupações quando Oscar Wilde anunciou que o último ato de sua comédia devia-se desenrolar nas esferas espirituais...

Quando o drama foi terminado, li-o para uma das minhas amigas, que possui grande experiência de teatro. Logo que cheguei ao meio do segundo ato, ela me interrompeu, notando: "Tudo isso é tão mundano que o autor jamais chegará a passar a ponte que separa o visível do invisível. Eis uma tarefa impossível!"

Terminada, porém, a leitura, minha amiga teve exclamações de surpresa e admiração pela genialidade com a qual o autor tinha sabido vencer o obstáculo. Nenhuma solução de continuidade no desenvolvimento do drama, embora os dois primeiros atos sejam de um gênero ligeiro, análogo à comédia do mesmo autor: *A importância de ser sério*.

O drama termina com uma nota consoladora: o amor pode, ou não, existir no além tal

> como o conhecemos aqui. Nas esferas espirituais, o amor-paixão não deixa de existir, o amor se manifesta na pesquisa da "alma gêmea" complemento de nós mesmos. Nós nos completamos: tal é a aspiração suprema de todo o espírito; quando o fim é atingido, os espíritos casados vêem nítida e luminosamente o caminho ascensional que lhes resta a percorrer, unidos um ao outro. (*Light*, 1925, p. 524.)

Tal é a interessante e instrutiva descrição feita pela sra. Esther Dowden a respeito da maneira pela qual foi ditada a comédia de Oscar Wilde. Para completá-la, vou reproduzir uma alínea de um artigo que foi consagrado ao memorável acontecimento pelo sr. David Gow, diretor da revista *Light*. Escreve ele:

> Notarei de passagem que assisti, pessoalmente, ao ditado mediúnico do drama de Oscar Wilde durante o qual o autor morto ocupou a médium e sua secretária por várias semanas consecutivas, corrigindo, refazendo, suprimindo, dando tantas disposições e ordens que tornava muito penosa a existência das duas damas. Tudo se desenrolou como se o autor invisível, mas absolutamente real, se metesse febrilmente ao trabalho, desenvolvendo alternativamente um temperamento irritável, choramingador, brilhante cínico, e algumas vezes dócil e simpático. A comédia, que veio assim à luz, parece uma obra de arte extraordinária, mas é preciso notar a este

> respeito que um diretor de teatro a quem ela foi oferecida para ser representada, depois de a ter lido, relido e pesado, declarou que ele renunciava a pô-la em cena, não porque não fosse obra de Oscar Wilde, mas porque era dele mesmo! Ele queria, com estas palavras, fazer alusão ao assunto e à técnica do desenvolvimento das comédias de Oscar Wilde, que julgava, para o futuro, fora do uso. (*Light*, 1828, p. 18.)

Esta declaração de um diretor de teatro é verdadeiramente preciosa e muito significativa.

Resumindo o que se acaba de ler e concluindo, noto que, sob o ponto de vista teórico, todas as circunstâncias que acabo de transmitir tomam, cumulativamente, valor enorme em favor da interpretação espírita do caso de que nos ocupamos. Os que leram a comédia póstuma de Oscar Wilde são acordes em afirmar que ela constitui uma obra de arte magistralmente orientada e que é uma reprodução maravilhosa do estilo, da forma, da técnica teatral que caracterizavam, no seu conjunto, um só autor: Oscar Wilde, quando vivo. E se isto não bastar para identificar uma personalidade literária, é preciso ajuntar aí o incidente tão eloquente de um diretor de teatro ter declarado que a comédia em questão não poderia ser representada com sucesso pelo fato do seu assunto e seu desenvolvimento terem envelhecido meio século. Não se poderia imaginar confirmação mais eficaz em favor da identidade pessoal da entidade comunicante, pois que a reputação de Oscar Wilde atingira seu apogeu há meio século e os dramas escritos por ele, quando vivo, apresentam todos os mesmos defeitos assinalados pelo diretor do teatro, ao mesmo tempo que todas as grandes qualidades literárias e as idiossincrasias psíquicas muito especiais de que acabamos de nos ocupar.

Agora, voltando ao que, antes, fiz notar, lembro que Oscar Wilde tinha, antecipadamente, dado todas as provas de identificação pessoal que se pode razoavelmente exigir de um morto que se comunique. Recordo haver feito notar que a única prova que ele poderia fornecer ainda seria a de demonstrar aos vivos que sua intelectualidade, seu temperamento de autor, sua virtuosidade incomparável de cinzelador de frases e de artista apaixonado das palavras permaneceram intactas depois da morte do corpo. Ora, ele deu também esta prova última, que reveste valor probativo superior a qualquer outro, embora não se possa passar pelos outros para atingir a demonstração experimental, sobre a base dos fatos, da sobrevivência de uma individualidade pensante.

Noto enfim que o valor teórico desta última 'prova literária' é a tal ponto eficaz que triunfa mesmo sobre uma objeção apoiada em uma hipótese metafísica fundada em memórias de amplidão infinita. Faço alusão à velha hipótese, agora novamente em moda, formulada com um fim puramente especulativo, pelo professor William James, segundo a qual não se poderia teoricamente excluir a possibilidade da existência, no universo, de um "reservatório cósmico de memórias individuais", do qual os médiuns extrairiam as indicações verídicas relativamente às personificações de defuntos desconhecidos de todos. Não é agora o momento de discutir esta hipótese, que tenho longamente analisado e refutado, mantendo-me no terreno dos fatos, numa monografia especial; noto somente aqui que, mesmo concedendo-se à hipótese em questão a extensão incomensurável que lhe conferem seus defensores, ela não chegaria mesmo a fornecer provas de identificação espírita análogas às que venho de relatar, pois que não se referem ao que se deveria encontrar num "reservatório cósmico de memórias individuais". É claro, com efeito, que, no nosso caso, não se trata de lembranças de espécie alguma, mas de um trespassado que se manifesta ditando uma obra literária, isto é, executando uma ação que se desenrola no presente, e que não se poderia então encontrar em parte alguma, em estado de vibração latente.

Repito, então, que a circunstância de ter chegado a triunfar também da hipótese metafísica do "reservatório cósmico de memórias individuais" constitui uma circunstância teoricamente muito importante. De fato, ela equivale a afirmar que nenhuma hipótese não-espiritualista chegará jamais a explicar, no seu conjunto, o memorável caso de identificação espírita do qual o falecido escritor Oscar Wilde foi protagonista.

Inútil é acrescentar que isto serve para fazer ressaltar o valor teórico muito especial que podem revestir os casos em geral de comunicações psicográficas na base de 'ensaios literários', ditados por entidades espirituais que afirmam ser autores conhecidos: isto é, 'ensaios literários' suscetíveis de serem submetidos aos processos de análise comparada.

VII

O caso seguinte e os admiráveis 'ensaios literários', ditados pela entidade comunicante, não são suscetíveis de serem submetidos ao critério experimental da análise comparada destinada a pesquisar a origem subconsciente ou estranha ao médium, pois, ao contrário, o caso em questão apresenta tais traços característicos de excelência literária e de genialidade que isso basta para substituir o inconveniente acabado de assinalar, permitindo até de chegar a uma conclusão teórica positiva.

Quero falar do famoso caso da personalidade mediúnica Patience Worth tal como se manifestou durante muito tempo por intermédio da médium americana sra. Curran. As revistas metapsíquicas e espiríticas se ocuparam longamente do caso em questão, assim como as revistas da atualidade e os jornais políticos. A leitura da maior parte desses documentos pode ser útil a fim de formar uma ideia nítida das opiniões das pessoas competentes a esse respeito; todavia, em se querendo aprofundar o assunto, não se poderia deixar de recorrer-se à magistral obra do dr. Walter Franklin Prince: *The case of Patience Worth*. É sobretudo desta última obra que tirarei o material dos fatos e as observações que me são necessárias.

Durante o verão de 1913, a sra. Pearl Lenore Curran e sua amiga Sra. Hutchings foram visitar uma de suas vizinhas que possuía um pequeno aparelho mediúnico chamado *Oui-ja* (quadrante alfabético com uma agulha móvel no centro). Elas quiseram experimentar e a personalidade mediúnica de uma parenta do sra. Hutchings se manifestou logo. Esta senhora ficou favoravelmente impressionada e comprou, por sua vez, um *Oui-ja* e foi à casa da sra. Curran propor-lhe prosseguirem juntas as experiências. Não tardaram em ver manifestar-se espíritos de parentes de uma como da outra das duas experimentadoras, mas, depois de alguns dias, o quadrante do *Oui-ja* ditou as letras de um nome desconhecido de todos: o de Patience Worth. Esta entidade inesperada se mostrou logo de uma vida exuberante e senhora absoluta do aparelho mediúnico. Ela se manifestara ditando a frase seguinte: "Muitas luas passaram desde que vivi na Terra. Eis-me de volta ao vosso mundo. Meu nome é Patience Worth."

Mas, uma vez dado seu nome, não pareceu ligar importância às perguntas de informações a respeito de sua existência terrestre, fazendo notar que a circunstância de ter vivido no século XVII tornava impossível qualquer pesquisa a seu respeito. Ela acrescentou que sua "verdadeira identidade pessoal devia provir da excelência e da natureza das obras literárias que ela devia ditar à médium" – o que foi absolutamente conforme a verdade, pois que essas obras bastam, ou deviam racionalmente bastar, para demonstrar sua independência espiritual. De todo o modo, a entidade chegou muitas vezes a fazer alusões à sua vida terrestre; "Patience Worth disse ter nascido na Inglaterra no ano de 1649 (ou 1694), ter vivido na aldeia onde nascera, trabalhando nos campos até atingir a maioridade e emigrado, então, para a América, onde algum tempo depois foi vítima de uma incursão armada de índios. Conforme outras declarações, pode-se compreender que tinha nascido em Dorsetshire, e quando, algum tempo depois, o sr. Yost – um dos experimentadores – partiu para a Inglaterra, Patience Worth lhe descreveu diversos traços característicos do condado onde vivera (costas, colinas, mosteiros e caminhos) com o auxílio dos quais poderia reconhecer a pequena cidade onde tinha nascido. O sr. Yost teve a curiosidade de visitar Dorsetshire e aí encontrou as colinas que haviam sido descritas, o velho convento arruinado e os caminhos tortuosos de que Patience Worth tinha falado.

Veremos mais adiante que, quando a entidade comunicante, descrevia, nos romances e nos versos, as paisagens e as praias inglesas, ela falava delas com a exatidão de uma pessoa que já tivesse habitado essa região. O interessante é que a sra. Curran nunca esteve na Inglaterra até essa época e não havia nunca visto o mar.

Digo isto de passagem, porque, repito, o interesse teórico do caso está totalmente nas provas de identificação pessoal e gira exclusivamente em torno do mistério da origem de tantas obras literárias excelentes, em verso e prosa, assim como das modalidades extraordinárias com as quais elas se produziram.

Em algumas circunstâncias em que os experimentadores admiraram a beleza literária do ditado mediúnico, Patience Worth notara que, "durante sua existência terrestre ela já possuía esse mesmo temperamento imaginativo e poético". Esta observação não é sem interesse porque contribui para esclarecer o mistério de uma pequena camponesa morta que se manifesta, mediunicamente, ditando obras magistrais em verso e em prosa. É preciso pensar que a genialidade de escritora era inata nesta pessoa do Dorsetshire, mas que as condições sociais muito humildes, nas quais ela nascera, lhe haviam impedido a emergência, enquanto que dois séculos e meio de existência espiritual tinham contribuído para fazer evoluir admiravelmente suas faculdades intelectuais inatas.

Relativamente às capacidades naturais de mentalidade da médium e da extensão da sua cultura geral, noto que o dr. Prince empreendeu, a este respeito, pesquisas escrupulosas, donde ressaltou que era necessário, absolutamente, excluir toda a possibilidade de emergências subconscientes de conhecimentos adquiridos e depois esquecidos (criptomnesia), como se devia excluir, de maneira absoluta, a possibilidade de disposições especiais da médium para a poesia e para o romance. A sra. Curran deixara de frequentar a escola no idade de quatorze anos; jamais manifestara aptidões literárias, nem interesse pela literatura, enquanto que suas inclinações naturais levavam-na, ao contrário, a se consagrar à arte musical; tinha, até então, aprendido canto com a intenção de seguir a carreira teatral. O dr. Prince levou especialmente suas investigações à cultura histórica e literária da médium e verificou que nesses ramos do saber se encontravam nela lacunas consideráveis, compatíveis com uma existência passada, inteiramente, em uma pequena cidade do estado de Illinois, longe de todo o centro importante de cultura e longe do mar, que a sra. Curran jamais tinha visto.

Pois bem, é justamente a cultura histórica, literária e filológica que constitui o que há de mais notável nos romances de Patience Worth!

E para começar pela cultura filológica, dizemos que ela é de um gênero que exclui, absolutamente, toda a possibilidade de uma colaboração subconsciente da médium no ditado mediúnico. Patience Worth, com efeito, conversa, constantemente, no seu dialeto de há três séculos e tem escrito romances e poemas na velha língua, ou no dialeto da sua época; tudo isto, segundo diz, a fim de provar sua independência espiritual da personalidade da médium. O professor Schiller, da Universidade de Oxford, nota a este respeito:

> Fica-se admirado e impressionado ao se verificar que um dos seus romances em versos li-

> vres, *Telka*, constituído de setenta mil palavras, é escrito na velha língua inglesa, contendo noventa por cento de palavras de pura origem anglo-saxônica, enquanto que aí não se encontra uma só palavra da língua inglesa depois de 1600...
>
> Quando se sabe, ulteriormente, que na primeira tradução da Bíblia há apenas setenta e sete por cento de palavras anglo-saxônicas e que é preciso voltar atrás até Laymon (1205) para igualar a percentagem dos termos anglo-saxões empregados por Patience Worth, quando se reflete em tudo isto, não se pode deixar de reconhecer que nos achamos diante de um caso que pode ser definido como um 'milagre filológico' (*Proceedings of the S.P.R.*, vol. XXXIV, p. 574.)

Importa completar aqui as observações do prof. Schiller, dando detalhes a respeito do poema idílico em versos livres, intitulado *Telka*, do nome de sua protagonista.

Começo por dizer que, na época em que esta peça foi escrita, Patience Worth deixara de utilizar o *Oui-ja* e ditava seus romances e versos pela boca da médium, isto é, esta, guardando pleno conhecimento de si, percebia uma voz subjetiva que lhe ditava palavra por palavra. A médium se limitava, então, a repetir em voz alta o que ouvia e um secretário escrevia. De tempos em tempos, o ditado era tão rápido que o secretário não a podia seguir; neste caso Patience Worth repetia a última frase e prosseguia mais lentamente. Ao mesmo tempo, a mentalidade da médium parecia tão independente do conteúdo do ditado que era livre para fumar um cigarro, para, interrompendo, tomar parte na conversa dos assistentes, era livre para se levantar e ir ao aposento contíguo atender ao telefone. Tais interrupções não tinham nenhuma influência no ditado mediúnico.

E o que também se produzia de uma sessão a outra: a personalidade mediúnica recomeçava igualmente a ditar na outra sessão, no ponto justo em que havia parado, mesmo quando vários meses se escoassem depois da última sessão.

Uma vez em que se perdera o primeiro capítulo de um romance cujo ditado já estava muito adiantado, Patience Worth o ditou pela segunda vez e, quando se encontrou de novo a parte extraviada, verificou-se que o segundo ditado era uma reprodução literal do primeiro.

Voltando ao poema *Telka*, eis o que escreveu o dr. Walter Prince a seu respeito:

> Os personagens de *Telka* vivem; vemo-los, conhecemo-los. Nenhum deles é repetição do outro. Algum personagem poderá manifestar tendências e disposições análogas às de um outro, mas, ao mesmo tempo, manifesta traços característicos que lhe são próprios, que o diferenciam de todos os outros.
>
> Ao contrário, os personagens de Maeterlinck (refiro-me a este escritor devido à grande reputação que conquistou em gênero análogo), constituem quase sempre sombras sem vida, que,

> dificilmente, se podem individualizar segundo suas palavras ou conforme qualquer outro de seus característicos. E, entretanto, reconhecemos em Maeterlinck um grande artista.
>
> De todo o modo, não posso deixar de notar que, quando surgir a aurora do dia em que desaparecer a aversão que se experimenta hoje pelas produções mediúnicas que chocam sobretudo os senhores críticos de arte, então se descobrirá que Patience Worth, a julgar por seu poema *Telka*, é bem superior a Maeterlinck. (Ibidem, pp. 237-9).

A propósito da língua arcaica empregada no poema em questão, eis o que escreveu o sr. Gaspar Yost, que publicou uma obra sobre suas experiências com a sra. Curran:

> *Telka* é única na pureza de sua língua anglo-saxônica, na combinação das diversas formas dialetais de localidades e épocas diversas, em algumas de suas formas gramaticais particulares, nos desvios e nas extensões conferidas à significação de certas palavras... À maneira de Shakespeare, ela emprega por vezes um advérbio como se fosse um verbo, ou um adjetivo... Isto se explica pelo estado transitório em que se achava a língua inglesa nessa época, mas essa observação constitui uma prova suplementar em favor do fato de que Patience Worth está plenamente de acordo com o seu tempo, mesmo nas anomalias gramaticais. Nenhuma dúvida pode existir sobre isto: que a linguagem de Patience Worth deve ser considera-

> da como sendo absolutamente espontânea nela, o que está demonstrado pela circunstância de que ela não a emprega exclusivamente em uma de suas obras mas que dela se serve constantemente nas suas conversas, com as pessoas presentes... (Ibidem, pp. 363, 364 e 365).

Ainda a respeito de *Telka*, preciso assinalar um último detalhe dos mais surpreendentes: é que este poema de setenta mil palavras, em versos livres, foi todo ditado à médium em trinta e cinco horas!

Prossigamos: apesar das maravilhas que acabo de relatar, apresso-me a observar que *Telka* não é a obra literária de Patience Worth que mais valor tem. A obra mais rica e mais admirável, sob certos pontos de vista, é o seu grande romance: *Tke sorry tale* (*Um Conto Triste*) cuja ação se desenrola na Palestina, no tempo do Cristo e a qual nos faz assistir ao drama da crucificação. É um romance histórico duma vasta concepção, no qual atuam certos caracteres que não são *comparsas* superficialmente desenhados, mas caracteres poderosos de personagens vivas. O protagonista é um filho natural do imperador Tibério, nascido de uma bela escrava grega, chamada Theia... Expulsa de Roma, ela é transferida para a Palestina e a criança nasce em uma tenda de leproso, fora dos muros de Belém, enquanto que, na mesma noite, dentro da pequena cidade, nasce Jesus. Na amargura do seu embrutecimento, a mãe dá ao recém-nascido o nome de Ódio. O ódio é, de fato, a paixão que domina a existência do filho, até seu trágico fim. A vida deste homem se desenrola paralelamente à de Jesus: um representa a encarnação do ódio na Terra; o outro a encarnação do amor. O filho de Theia ridiculariza Jesus e nele escarra quando o vê realizar o milagre das redes cheias de peixes. Passando de uma falta à outra, de um crime a outro, acaba por furtar os ornamentos sagrados do Templo de Jerusalém e é condenado à morte. Ele morre na cruz ao lado de Jesus: o filho de Theia era o 'mau ladrão'.

O capítulo da crucificação, que é muito longo, foi ditado à médium, durante uma única sessão. É um capítulo terrificante pela extraordinária vivacidade de ação. Não se fez apenas uma simples descrição do trágico acontecimento e sim de todos os seus mais cruéis detalhes: assiste-se, aterrorizado e aflito, ao drama do Gólgota. Encontra-se o mesmo colorido em todas as cenas às quais o romance nos transporta e que não são somente representadas de uma maneira exuberante, mas geográfica e historicamente irrepreensíveis, assim no que concerne à Palestina como à Roma imperial. A este propósito, tinha-se acreditado ter apanhado uma vez só em erro Patience Worth: é quando ela faz conferir ao imperador romano, pelas personagens judias, o título de rei. Ora, verificou-se pela história de Ewald que, nas províncias do império romano, existira o costume de chamar rei ao imperador de Roma. Segue-se que este pretenso erro contribui, ao contrário, para fazer sobressair admiravelmente até que ponto, nos romances de Patience Worth, se vive no meio dos tempos que aí se descrevem.

Eis outra circunstância que o demonstra de modo ainda mais estupefaciente, que tem relação com as modalidades nas quais se realizou o ditado do romance. A médium via desenrolar-se diante de si uma visão panorâmica de todos os acontecimentos que eram descritos, sucessivamente, no ditado mediúnico. O que admira mais, porém, é que os quadros que ela contemplava eram representações *totais* de acontecimentos complexos, visualizados ao natural, enquanto que as descrições dos mesmos acontecimentos, tais como eram dados pelo ditado mediúnico, não eram jamais *totais*. Em outras palavras, no ditado mediúnico não figuravam numerosos incidentes observados pela médium nas projeções cinematográficas que lhe eram apresentadas. E evidentemente porque certos incidentes secundários nada tinham a ver com o assunto do romance. Mas, então, porque eram eles projetados à visão da médium? Só se pode responder a esta última questão de uma única maneira: necessariamente tudo isso se produzia porque se tratava de projeções panorâmicas representando quadros reais de um passado muito longínquo. Nestas condições, era natural que, ao lado dos acontecimentos principais, houvesse outros mais ou menos insignificantes, estranhos aos acontecimentos principais, como acontece em outra circunstância análoga a um acontecimento tomado após um fato que se desenrola ao ar livre com o concurso do povo.

O dr. Prince trata, como sempre, dessas espécies de incidentes secundários:

> A médium percebia cães que atravessavam o caminho correndo; via carros construídos de um modo estranho e cujas rodas eram feitas de caniços enrolados, curvados em círculos. Estes carros eram puxados por bois, cujos arreios eram mais estranhos ainda do que os carros. Ela assistia à feira dos judeus, assim como às disputas que havia entre negociantes barbudos e seus clientes; ouvia as lamentações das mulheres que trocavam utensílios por comestíveis; observava os grão-sacerdotes que passavam com suas vestes faustosas e via a Arca Santa e o Templo, tais como tinham sido, realmente, reedificados nessa época; contemplava as paisagens de Belém e de Nazaré e assistia à passagem de Jesus cercado pela multidão.
>
> O mesmo fenômeno se reproduziu durante o ditado do outro romance: *Hope trueblood*, em que a médium viu desfilar diante de si a paisagem inglesa. Neste caso, naturalmente, as cenas eram mais familiares à médium, mas igualmente vivas e naturais. (p. 395).

Para ser breve, não prosseguirei na análise do magistral romance em questão, embora possa assinalar vários outros detalhes de interesse muito persuasivo. Pela mesma razão, não analisarei o conteúdo dos outros excelentes romances ditados por Patience Worth, de títulos: *The Merry tele, Hope trueblood, The pot and the whel; The fool and the lady*; *The stranger*; *The madigral*; *Samuel Wheaton*; *Redwing* (este último, um drama). Esta enumeração mostra que a produção literária de Patience Worth já se compõe de nove romances e um drama; aos quais é preciso acrescentar uma coleção de provérbios e aforismos, um número extraordinário de composições poéticas de todas as espécies, cujo valor não é inferior ao dos romances, seja do ponto de vista da formação ou da genialidade da inspiração.

Os romances *Telka* e *Merry tale* foram ditados na língua ou no dialeto do século XVII. Os outros romances, dramas e poemas, foram escritos na língua inglesa moderna, ainda que o estilo e a forma ofereçam os traços característicos que distinguem a personalidade de Patience Worth.

No que concerne à produção poética de Patience Worth, o dr. Prince teve o cuidado de reproduzir, em sua obra, passagens de todas as espécies, as quais ocupam cento e trinta páginas do seu volume. Todas as poesias e todos os assuntos estão aí representados. Ora aqui, ora ali, o dr. Prince estabeleceu comparações entre os poemas de Patience Worth e os análogos de Keats e outros poetas ingleses, demonstrando que Patience Worth os iguala sempre, quando não os ultrapassa. Note-se que grande parte desses poemas são improvisos feitos sobre temas sugeridos no ocasião pelos experimentadores.

Certa vez, o dr. Prince convidou Patience Worth a ditar-lhe versos que começassem por tal ou qual letra do alfabeto, na ordem em que se acham aí dispostas. O poema pedido foi ditado, imediatamente, com uma rapidez de dicção regulada por aquela que o secretário devia empregar para escrever à pena. O dr. Prince nota que Patience Worth parece achar-se consciente da excelência da sua produção literária, mas que está longe de envaidecer-se com isto. Ele continua, dizendo:

> Desde o começo, pode-se ver que ela não ignorava seu alto valor pessoal, pois que se exprimia sempre como um personagem consciente de sua própria autoridade ou, antes, sabendo que tinha uma missão a cumprir. Ao mesmo tempo, porém, em todos os seus atos, em todas as suas exigências, observavam-se detalhes que bastam para demonstrar que não era inspirada pelo orgulho. Poder-se-ia compará-la a uma mãe que dirige e aconselha seus filhos na mocidade, sem ter mesmo uma sombra de orgulho por sua superioridade mental, em comparação a deles. Patience Worth deixa, por sua vez, subentender que ela tem sobre nós a vantagem da experiência e de uma situação privilegiada, graças às quais é muito natural que esteja em condições de aconselhar e dirigir os que só possuem a experiência adquirida durante alguns anos de existência terrena. Do mesmo modo, deixa subentender que sua produção literária chegou a tal grau de excelência, graças ao meio infinitamente mais favorável no qual declara existir. Teve o cuidado, mais de uma vez, de lembrar-nos que é, em certo sentido, uma mensageira de Deus, enviada aos vivos em missão, que devia cumprir da manei-

> ra mais conforme a sua natureza espiritual. Eis algumas frases das suas conversas significativas: "Farei com as palavras o que se faz com sonoras castanholas. Fá-las-ei brilhar com luz nova, empalidecer, gemer, desfalecer. Fá-las-ei arder no fogo de todas as paixões; serão vingadoras, embravecidas, coléricas, torcidas, mordazes. O que me seguir se julgará grosseiro em face das prodigiosas cabriolas às quais submeterei as palavras. Estas mãos saberão tecer a linguagem humana de modo a maravilhar o mundo. (Ibid., p. 212).

O dr. Prince reproduz longa série de afirmações análogas de Patience Worth, mas a que se acaba de ler pode bastar para deixar entrever-lhe o pensamento. Ela queria, em suma, que se soubesse que tinha uma missão a cumprir na Terra: a de contribuir para demonstrar aos vivos a existência e sobrevivência da alma e isto fora das provas habituais de identificação pessoal, isto é, fornecendo provas complementares, destinadas a confirmar as fundadas sobre indicações pessoais, dadas pelos defuntos que se comunicam. Esta tarefa consistiria, para Patience Worth, em demonstrar que ela tem mesmo de compor joias literárias que a mentalidade de um escritor vivo não poderia fazer, apesar de toda a sua competência, obrigando, assim, a razão humana a reconhecer a intervenção real de entidades espirituais nas manifestações mediúnicas. Já indiquei as mais notáveis destas joias: por exemplo, a suprema excelência da arte de Patience Worth, em todas as modalidades de criações literárias, apesar da intelectualidade modesta da médium; o fato de ter ditado romances em uma língua ou em um dialeto do século XVII e isto com tal precisão na linguagem arcaica, que não se vê aí uma só palavra da língua inglesa, que tenha entrado em uso depois de 1600, enfim, a genialidade extraordinária de que ela deu provas no improviso de composições poéticas, de forma irrepreensível, admiráveis por suas imagens e elevação de ideias, composições que rivalizam com as dos melhores clássicos ingleses, se não as ultrapassam.

A propósito desta última joia literária, o dr. Prince nota:

> Seria útil que nossos leitores voltassem atrás para relerem os pequenos poemas improvisados, imediatamente, sobre assuntos escolhidos; só nos detendo para lhes analisar a excelência é que chegamos a considerar as proporções maravilhosas do fenômeno. Que se releia, por exemplo, os versos intulados *The Day's Work*. Parece incrível que essa longa composição poética, tão viva por suas imagens, tão magnífica por sua forma, tão impecável pelo emprego das palavras, tão profunda por suas ideias, tenha sido improvisada sobre um assunto escolhido, da maneira mais instantânea, considerando-se o intervalo entre o pedido e a execução! Quem se sentiria capaz de melhorar esses versos? (Ib., p. 349).

Além dessas joias de natureza elevada, Patience Worth se prestou a dar provas de toda a sua arte literária, relacionada com uma agilidade técnico-mental que os vivos não saberiam imitar, ou, para empregar uma de suas próprias frases: "Ela se diverte em jogar com as palavras como se faz com sonoras castanholas"...

Assim, por exemplo, certo dia, o dr. Prince convidou-a a ditar simultaneamente dois poemas sobre assuntos muito diferentes, um em inglês moderno, outro no dialeto do século XVII, entrelaçando, sucessivamente, dois versos de um com dois versos de outro, até o fim. Ela o satisfez logo, ditando, correntemente, esse *embroglio* inverossímil de dois poemas distintos no assunto e na linguagem, engendrados simultaneamente. O dr. Prince reproduz essas duas composições poéticas e pergunta:

> Há qualquer indício de pressa nestes versos soberbos? Apresentam eles traços característicos das condições caóticas nas quais foram produzidos? Que me digam qual palavra deveria substituir outra para melhorar a dicção! Os quatro últimos versos do primeiro poema são esplêndidos pela significação profunda da imagem final. (Ib., p. 290-3).

No capítulo intitulado: "Uma noz para ser quebrada pelos psicólogos", o dr. Prince cita, entre outras coisas, estes prodígios, análogos aos precedentes, da entidade que se comunicava:

> Patience escreve agora quatro romances simultaneamente e dita, sucessivamente, uma passagem de cada um. Depois de ter ditado algumas linhas do primeiro em dialeto arcaico, passa a fazer outro tanto no segundo em linguagem moderna e, assim, em seguida, vai intercalando um e outro, sem solução de continuidade, e com uma constante celeridade. Em dado momento ela toma dois personagens de dois romances diferentes e faz com que um palestre com o outro, de maneira que o personagem de um romance parecia responder ao outro e discutir com ele. Quando as passagens dos dois romances foram desenredadas e colocadas nos seus textos respectivos, verificou-se que cada uma delas se adaptava perfeitamente à parte que devia ocupar no texto. (Ib., p. 401-2).

Em outra ocasião, enquanto a sra. Curran escrevia uma carta a uma de suas amigas, Patience Worth empregava sua laringe para ditar, correntemente, uma admirável composição poética intitulada: *Feux Follets*. (Ib., p. 285-6).

Fecho a exposição dos fatos a fim de passar à discussão das hipóteses destinadas a explicar, se possível, tal prodígio.

Como nota o dr. Prince, é claro que, no caso de Patience Worth, o verdadeiro problema a resolver consiste em pesquisar donde podia provir tão grande número de obras literárias de primeira ordem, nas quais se notam vasta cultura e notável gênio, riqueza de forma inesgotável no modo de exprimir o pensamento, profundeza filosófica, sagacidade penetrante, espiritualidade elevada, rapidez fulminante na concepção de ideias, habilidade excepcional no desenvolvimento das mais complexas operações mentais, enfim, também, uma adivinhação aparente do pensamento dos outros. Como tudo isto pode manifestar-se por intermédio da sra. Pearl Lenore Curran, de Saint Louis, a qual, de acordo com suas próprias declarações com o testemunho e as provas que vieram à luz, não possui e jamais possuiu cultura correspondente, não tendo, ademais, mostrado disposições literárias nem aspirações nesse sentido? Só nos resta, agora, aplicar ao difícil problema as diferentes hipóteses que se puderam formular a respeito.

A primeira, que se apresenta, é a do 'subconsciente', entendido na significação estritamente psicológica do termo, segundo a qual achar-nos-íamos em face de um caso de desagregação psíquica e da formação consecutiva de uma personalidade subconsciente, fração sistematizada da personalidade integral consciente, que emergiria, alternativamente, à superfície, quer dominando temporariamente o campo consciente da médium, quer se manifestando no exterior pela utilização da mão e da laringe da mesma.

O único psicólogo da escola universitária, que estudou, pessoalmente, o caso em questão, foi o prof. Cory, que reconheceu, sem restrições, o "prodígio de uma personalidade mediúnica que refletia, em suas obras literárias, a vida e os costumes de outros tempos e isto com uma competência e uma familiaridade que não podia deixar de espantar profundamente os leitores..."

Ele reconhece que o romance *The sorry tale* faz supor que sua autora possua enorme acervo de conhecimentos a respeito da vida e costumes da Palestina e de Roma, na época de Cristo. Reconhece também que a ação de *Telka* se desenrola na Inglaterra e que este romance está escrito em um idioma arcaico, pertencente a regiões e a épocas diferentes, o que causa grande perplexidade, complicando ainda o problema a resolver. Tudo isto, segundo o prof. Cory, tenderia a demonstrar que "o tipo e a estrutura da mentalidade de Patience Worth são tão novas que é bem difícil imaginar até onde poderia estender-se a exuberância de sua mentalidade e quais os limites que se lhe poderiam marcar."

Apenas, depois de ter lealmente reconhecido a complexidade enorme do problema a solucionar, o prof. Cory conclui supondo que Patience Worth seja o produto de uma atmosfera de expectação ansiosa por uma manifestação do além; é então mais que provável que esta expectativa se tornasse o fator essencial da dissolução psíquica que se desenvolvia... e Patience Worth nasceu nas profundezas do subconsciente. Engendrada na atmosfera do ideal, concebida por pura fantasia, ela modelou seu próprio ser de uma pura substância imaginária e assim quer ficar, nada assimilando do que contradiz a ilusão que a domina...

Segue-se daí que ela persiste em crer que tenha sido uma jovem inglesa que viveu na Inglaterra, há vários séculos.

Em suma, o prof. Cory conclui sem se preocupar, de modo algum, em explicar de que maneira uma fração da personalidade dissociada pode ser mais vasta, mais erudita, mais inteligente e mais genial do que a personalidade integral consciente de que provém. Inútil perder tempo em discutir uma hipótese literalmente insustentável e absurda, do ponto de vista da lógica, nos limites em que a querem manter os psicólogos ortodoxos.

O dr. Prince analisa, de princípio ao fim, o estudo do dr. Cory, demolindo, sucessivamente, todas as argumentações e isto de modo decisivo. A refutação do dr. Prince é magistral, mas, na verdade, dez linhas bastariam para abater uma hipótese que só pode ser sustentada não se levando em conta os fatos.

Quando a análise crítica do dr. Cory foi publicada, um experimentador informou Patience Worth de que um psicólogo eminente concluíra que ela era uma fração da personalidade da médium. Eis sua resposta, ditada, como sempre, no dialeto arcaico de há três séculos:

> Quem ousou dizer então que sou uma parcela extraviada da imaginação da médium? Quem ousou sustentar então que uma grande intelectualidade é filha da imaginação de uma pequena intelectualidade? A voz daquele que proclamou semelhante absurdo ficará sem eco. Que ele ve-

> nha e me ligue à médium, se isto lhe apraz, mas o futuro proclama-lo-á um Tolo. Sua pena é pequena! A minha é uma pena de ouro temperada na sabedoria antiga. Eu não canto por cantar, mas para que meu canto Persista! A ideia de apresentar-me como uma fração da 'harpa viva', que eu emprego, equivale a distribuir a criancinhas livros, crânios, espadas, vinho e Sacramentos para que elas se divirtam com isto. Vede: toco a 'harpa viva' e ela responde vibrando uníssona com a voz da sabedoria antiga." *(Psychic Science*, 1928, p. 164).

Acrescento que o dr. Prince e o prof. Mac Dugall concluem, por sua vez, em perfeito acordo feito com Patience Worth. O primeiro nota: "Querem fazer-nos admitir que o *maior* está contido no *menor*." O segundo diz: "Tudo isto equivale a sustentar que a *parte* é mais vasta do que o *todo*."

Creio que isto deve bastar; não falemos mais do caso e passemos à segunda das hipóteses que podem ser formuladas.

O dr. Prince, em várias passagens do seu volume, deixa claramente compreender que ele considera a hipótese espírita como a única capaz de abraçar o conjunto dos fatos, todavia, com a circunspecção de um sábio, que se dirige a outros sábios que não estão ainda maduros para certas verdades, conclui, entrincheirando-se por detrás de um dilema que é constituído de duas proposições e que os psicólogos universitários não achariam de seu gosto... Diz ele:

> Eis a tese que formulei após dez meses de estudos assíduos dos fatos: ou modificar radicalmente a concepção do que se chama 'subconsciente', nele compreendendo potencialidades intelectuais das quais não se tem ideia alguma até aqui, ou bem reconhecer a existência de uma causa que age por intermédio da subconsciência da sra. Curran, porém estranha à sua subconsciência. No primeiro caso, torna-se normal o que se considerou até aqui 'supranormal' (da mesma maneira que a hipnose, a qual, há um século, parecendo subentender possibilidades supranormais, foi depois 'normalizada'); no segundo caso, tem-se que admitir o 'supranormal'.

Reconheço, por minha vez, que, se para os casos análogos ao de que nos ocupamos se renuncia à hipótese do 'subconsciente', entendida no sentido de uma fração sistematizada da dissociação psíquica do indivíduo e se admite a hipótese de Myers, segundo a qual existe, talvez, no homem uma personalidade integral subconsciente, infinitamente mais vasta e perfeita do que a consciente, dotada de faculdades de sentido supranormais e de capacidades intelectuais cuja emergência esporádica daria lugar às "inspirações do gênio", reconhece qual se se admitisse tudo isto, se chegará, até certo ponto, à consideração do caso em questão. Digo, "até certo ponto", porque se teriam que enfrentar obstáculos formidáveis.

De fato, se com esta hipótese se chegasse a explicar, de qualquer modo, a excelência das obras literárias ditadas pela personalidade mediúnica, assim como a ligeireza extraordinária com a qual ela "jogava com as palavras", não se explicaria ainda como lhe foi possível escrever romances em um dialeto do século XVII e isto sem jamais cair no erro de inserir, no texto, termos usados depois de 1600. Do mesmo modo, não se explicaria como provou estar ao corrente dos costumes e usos da Palestina e de Roma, na época do Cristo. Estas duas circunstâncias se transformam em uma grave objeção pois que unia personalidade integral subconsciente se identifica ainda e sempre com sua própria personalidade normal. Ora, em nosso caso, esta última personalidade era totalmente ignorante dos dialetos arcaicos empregados por sua suposta personalidade integral, como o era dos costumes e usos de povos existentes há dois mil anos. Isto, porém, ainda não é tudo. É evidente que uma personalidade integral subconsciente que atesta, por fatos, o grau muito elevado de sua superioridade intelectual, em comparação ao da personalidade consciente, não deveria jamais mostrar-se sugestionável ou auto-sugestionável – duas formas patológicas do êxtase mental que indicam uma restrição enorme do campo consciente da personalidade humana. Ora, como esta última argumentação é incontestável, segue-se que não se poderia explicar como uma personalidade subconsciente tão superior à consciente pode iludir-se a ponto de crer ter vivido no século XVII, sob a forma de uma pequena pastora emigrada para a América e morta em uma emboscada de índios.

Inútil fazer notar quão poderosa é esta objeção, que parece fundada na experiência das fases profundas, na hipnose e no sonambulismo magnético, fases nas quais o *sujet* não é mais sugestionável. Esta objeção é, sobretudo, indiscutível em nome da lógica e do senso comum, tanto mais que as afirmações da personalidade mediúnica correspondem ao fato de ter ela, constantemente, conversado na dialeto arcaico que se falava na sua época, no condado em que diz ter nascido.

O obstáculo teórico em questão não poderia ser evitado, supondo-se que a personalidade integral subconsciente, de que se trata, conhecesse bem o que ela era, mas se faz passar pelo espírito de uma morta, a fim de enganar os vivos.

De fato, neste caso, se iria ao encontro de outra monstruosidade de natureza moral, igualmente inadmissível. Com efeito, uma personalidade consciente, de tal modo mais elevada e mais perfeita que a consciente, deveria ser moralmente superior a esta última, em uma medida correspondente; ela não deveria, então, jamais mentir e sobretudo mentir com a intenção estúpida e malévola de enganar os viventes, mistificando-os nas suas aspirações espirituais e afetivas mais sagradas.

Resumamos, então, a questão. Considerando que a hipótese da 'consciência subliminal' supõe a existência, na consciência humana, de uma personalidade integral espiritual dotada, em uma medida superlativa, de qualidades mais elevadas que a da personalidade consciente, segue-se daí que ela não deveria jamais iludir-se sobre sua existência a ponto de crer-se uma pessoa morta, tendo vivido em certa localidade, em condições sociais bem definidas, em uma época determinada, com o conhecimento perfeito da língua arcaica de época indicada. Além disto, considerando que esta personalidade integral espiritual deveria possuir, em uma medida correspondente às suas faculdades superiores intelectuais, também um senso moral não menos elevado, resulta daí que ela não deveria rebaixar-se e perverter-se ao ponto de enganar, cruelmente, os vivos. Deve-se, então, reconhecer que minhas considerações, ora expostas, demonstram ser a hipótese da 'consciência subliminal' insuficiente, por sua vez, para considerar os fatos em seu conjunto.

É necessário, então, buscar outra que seja suficiente para o caso. Eis que se apresenta uma terceira, de latitudes infinitas, que oferece um traço característico muito curioso: ser tirada do esquecimento, onde dorme quase sempre em estado latente, somente nas crises teoricamente desesperadas, às quais são sujeitos os partidários da interpretação anímica da fenomenologia supranormal toda inteira. Ela se chama 'hipótese da consciência cósmica' e é suscetível de se dividir em dois ramos bem distintos, segundo o desejo de quem a emprega. Há os que, como Hartmann, usam e abusam dela na significação verdadeira e própria da 'consciência cósmica', atributo do Absoluto, isto é, de Deus. Neste caso ter-se-á de admitir que a subconsciência dos médiuns entra em relação direta com o Ser Supremo e isto com o nobre fim de enganar o próximo, proposição que é absolutamente blasfema.

Há, ao contrário, outros pesquisadores que empregam a hipótese em questão com o significado que lhe conferiu o prof. William James, segundo o qual, em um ponto de vista metafísico, poder-se-ia supor a existência de um "reservatório cósmico de memórias individuais", no qual teriam livre acesso os médiuns, sendo esse um lugar donde extrairiam tudo o que lhes fosse necessário para mistificar os pobres mortais.

O eminente psicólogo e fisiólogo inglês, prof. Schiller, da Universidade de Oxford, por ocasião de uma análise do caso de Patience Worth, que publicou, fala das duas formas da hipótese em questão e do fato nos seguintes termos:

> Há filósofos que, uma vez enveredados pelo caminho cômodo da extensão hipotética da personalidade humana, mostram-se mal dispostos a parar, enquanto não atingem o Absoluto. Devemos, então, estar prontos a saber de algum crítico que a arte literária de Patience Worth vem de uma revelação autêntica do Absoluto, ao passo que um outro, mais moderado, falará de uma arte que seria extraída de um 'reservatório cósmico', no qual estariam recolhidos todos os esforços literários dos séculos. Observo que esta segunda versão da hipótese em causa não considera bastante o problema da 'seleção dos fatos'

> do reservatório acima, ao passo que a primeira versão se choca com outra dificuldade formidável: é que, neste caso, Patience Worth constituiria uma revelação antes humorística e excêntrica desse Absoluto infinitamente perfeito, do qual falam os filósofos. Se se me objetasse que uma personalidade finita só pode ser uma seleção do Absoluto, eu responderia que tal esclarecimento esclarece até demais. Com efeito, se Patience Worth é, neste sentido, uma "seleção do Absoluto", somos todos, da mesma forma, 'seleções do absoluto', o que equivale a dizer, nos limites da argumentação em questão, que Patience Worth deveria ser um 'espírito' como todos ou outros. (*Proceedings of the S.P.R.*, vol. XXXVI, p. 575).

Parece-me que a argumentação do prof. Schiller é de tal modo cerrada e decisiva que dispensa qualquer outra. Noto apenas, no concernente à hipótese do 'reservatório cósmico', que a objeção formulada pelo sr. Schiller, isto é, a de que se trata de uma hipótese que não considera, suficientemente, o problema da 'seleção dos fatos' da parte da personalidade subconsciente do médium, é sobretudo formidável no caso especial de Patience Worth. Com efeito, se se devesse supor que se recolheram e se enfileiraram no "reservatório" em questão todos os termos velhos da língua inglesa, caídos em desuso depois do ano 1600, tudo isto representaria, apenas, um material bruto que não poderia ser utilizado senão por aqueles que conhecessem a significação de cada vocábulo, assim como a conjugação dos verbos, desinências dos nomes, construções gramaticais e as elisões inumeráveis inerentes ao dialeto, ao qual pertenciam as palavras em questão. Seria preciso, além disto, que aquele que se servisse desses vocábulos estivesse em condições de discernir os que estavam em uso antes de 1600 dos que estão em curso depois daquele ano.

Ora, a personalidade 'subliminal' da médium não podia realizar tudo isto; a personalidade normal da médium jamais possuiu aqueles conhecimentos e de outra parte eles não podiam existir onde quer que fosse, em estado latente, considerando-*se que a estrutura orgânica de uma língua não é senão pura abstração*. Nestas condições dever-se-ia concluir, racionalmente, que o problema não pode ser resolvido sem a admissão da intervenção de uma entidade estranha ao médium, bem conhecedora da língua de que se serviu tão corretamente.

Segue-se daí que a hipótese fantástica do 'reservatório cósmico' não se mantém de pé em face da prova dos fatos e que é necessário excluí-la, por sua vez, do número das que possam abranger o conjunto do caso de que nos ocupamos.

Como se pode ver, o simples fato de apresentar e discutir as hipóteses 'naturalistas', aplicáveis ao caso de Patience Worth, nos levou, por nossa vez, a tender para a segunda proposição no dilema formulado pelo dr. Walter Prince, proposição na qual se supõe a existência de "uma força agindo por intermédio da sra. Curran, porém estranha à sua subconsciência"...

Na página 460 do seu volume, o dr. Prince, durante sua polêmica com o prof. Cory, escreve a este respeito:

> Concorda-se que Patience Worth é "eminentemente racional, sã e equilibrada", porém, no meio de tanta racionalidade elevada e de mentalidade equilibrada, pretende-se descobrir "uma ilusão obstinada e persistente: a de crer ter vivido em uma época recuada em nosso planeta". Contudo, observo eu, por minha vez, que o fato de falar num dialeto arcaico, desaparecido há séculos, não é uma ilusão, assim como o outro fato de descrever regiões estranhas com seu real colorido local; duas circunstâncias que seriam inexplicáveis no que se refere à sra. Curran, mas que seriam todas naturais se a pretensa *ilusão* fosse, ao contrário, uma realidade. Neste último caso, ela só faria empregar as recordações de sua experiência terrestre combinadas com prováveis consultas espirituais e com a sabedoria adquirida no decurso de dois séculos e meio de existência transcendental. *E não é uma ilusão* que ela possui uma genialidade literária maravilhosa, da qual a sra. Curran jamais manifestou o menor indício, mas que uma pastora inteligente e genial poderia muito bem ter desenvolvido em si mesma, durante os séculos que se seguiram ao seu trespasse, se a sobrevivência da alma é um fato real e se o espírito progride depois da morte do corpo. *E não é uma ilusão* que a manifestação

> de Patience Worth deu logo lugar a uma fonte inesgotável de beleza artística, de espiritualidade, de sabedoria e de brilhante conversa, fonte que varia perpetuamente e que é perpetuamente idêntica a si própria e infinitamente diferente do temperamento e das capacidades intelectuais da sra. Curran. Há algo de grotesco em conceber-se que uma pessoa ou uma personalidade perfeitamente equilibrada, sob todos os pontos, brilhante em seu poder intelectual, admirável em sua lógica esplêndida, possa, ao mesmo tempo, ser vítima de uma grande ilusão que, de resto, deveria justamente referir-se à sua identidade pessoal ou aos acontecimentos de sua existência passada. (Ib., p. 460).

Chamo a atenção dos meus leitores para a passagem citada pelo dr. Prince cujos argumentos cerrados são, logicamente, irrefutáveis. Efetivamente, eles demonstram que o prof. Cory, querendo chegar à conclusão de que Patience Worth era uma 'personalidade subconsciente' da médium, não considerou as numerosas circunstâncias que provam o contrário! Mas como se poderia, racionalmente, afirmar que Patience Worth era vítima da *ilusão obstinada e persistente* de ter vivido na Terra do momento que *não se tratava de ilusões, mas de fatos positivamente verificados – os indicados pelo dr. Prince* – e que estes fatos convergiam admiravelmente para a demonstração de que Patience Worth dizia a verdade, afirmando ter vivido em uma região precisa da Inglaterra, em uma época recuada? Seria verdadeiramente curioso que, em metapsíquica, se tivesse que adotar um sistema de análise e de síntese invertido, isto é, concluindo sistematicamente o contrário do que demonstram os fatos. Certamente poder-se-ia objetar que as aparências enganam; sem dúvida, mas, em nosso caso, a abjeção não tem cabimento, porque, repito-o, não se trata de aparências, mas de fatos incontestáveis, positivos, inexplicáveis, tais como os apontados pelo dr. Prince.

Entre estes fatos, o principal é que Patience Worth fala, constantemente, em um dialeto arcaico do século XVII, empregando, invariavelmente, palavras de origem anglo-saxônica que eram próprias à idade em que vivera, sem jamais cair no anacronismo de usar vocábulos de origem latina, penetrados na língua depois de 1600. Já demonstramos que esta circunstância não pode ser esclarecida pela hipótese ultrametafísica do "reservatório cósmico de memórias individuais".

Segue-se daí que aqueles que não adotam o sistema de não considerar os fatos em seu conjunto, na investigação das manifestações metapsíquicas, deverão, forçosamente, concluir que a única hipótese capaz de explicar o caso de Patience Worth é a que contém a segunda proposição formulada pelo dr. Prince, isto é, que a sra. Curran foi, simplesmente, um médium, por intermédio do qual se manifestou uma entidade espiritual absolutamente estranha à referida senhora.

VIII

Resta-me tomar em consideração uma última obra literária recebida mediunicamente há algum tempo, que despertou, na Inglaterra, imenso interesse, assim como suscitou vivas discussões em revistas metapsíquicas, espíritas, religiosas e mesmo em jornais políticos, de forma tal que a primeira edição se esgotou em cinco meses. A obra, que tem o título *de Os escritos de Cléofas*, é apresentada como uma "crônica sacra" complementar dos "Atos dos Apóstolos" que chegaram, até nós, mutilados em algumas partes, em consequência das perseguições de que foram vítimas os primeiros cristãos.

Os escritos de Cléofas teriam sido transmitidos diretamente (ou para melhor dizer 'inspirados') pelo discípulo deste nome, um dos dois ao qual o Cristo apareceu no caminho de Emaús, três dias após sua morte e com o qual se sentara para comer na cidade homônima de Emaús.

O médium, por intermédio do qual esta notável obra foi ditada, é a srta. Geraldine Cummins, filha do prof. Ashley Cummins, de Cork, Irlanda, doutor em medicina.

A srta. Cummins é uma escritora elegante, autora de um romance e duas comédias escritas em colaboração com outros; é, ao mesmo tempo, hábil jogadora de lawn-tenis.

Cito isto com o fim único de mostrar o perfeito equilíbrio de seu corpo e seu espírito. Em 1923, ela começou a exercitar-se na escrita automática com sua amiga srta. Gibbes, e em 1925 obtiveram, repentinamente, os primeiros ditados relativos à história do primeiro século da Igreja Cristã.

A entidade que os ditava assinava "O Mensageiro" e sua escrita mediúnica se processava com a médium em estado de meio-transe.

O lápis corria mui rapidamente sobre o papel; 1.400 a 1.500 palavras eram ditadas, sem interrupção, numa hora. O ditado, uma vez terminado, era imediatamente retirado, na ignorância do seu conteúdo, com o fim de se evitarem interferências possíveis de sua subconsciência.

Esta medida de precaução não impedia, entretanto, que o escrito continuasse, invariavelmente, no ponto preciso em que fora interrompido. As pessoas que assistiam ao ditado mediúnico, não exerciam nenhuma influência sobre ele. A médium acolhia, amavelmente todos os que desejavam vê-la psicografar e daí as sessões se realizarem, constantemente, na presença de médicos, padres católicos, pastores protestantes, teólogos, historiadores, jornalistas, assim como na de alguns membros das duas sociedades de pesquisas psíquicas, a inglesa e a americana.

A sensação experimentada pela médium, durante o ditado, era a de uma pessoa que sonha, sem ter qualquer influência sobre o desenvolvimento das fantasias sonhadas. Além desta, ela experimentava a impressão de que seu cérebro era empregado por outra individualidade que dele se servia, de modo análogo ao telegrafista com seu aparelho ou ao datilógrafo com sua máquina de escrever.

Relativamente à origem deste *Evangelho suplementar*, o rev. John Lamond, que estava entre os que assistiram à sua produção, observa:

> Quem quer que seja o autor destas 'crônicas sacras', elas não são, certamente, o produto da mentalidade subconsciente da srta. Cummins. Foi, de fato, ela quem os escreveu mediunicamente, assistida por sua amiga e provável auxiliar srta. Gibbes, mas o material de que se compõem as 'crônicas' não podia, absolutamente, provir da médium. É lícito escriturar a seu crédito a beleza literária da forma, mas as crônicas intituladas *Os escritos de Cléofas* não são obra sua. Nota-se nelas uma surpreendente familiaridade com os vocábulos em uso, no período apostólico da Era Cristã, um conhecimento perfeito das ci-

dades e dos países dessa época recuada. Quanto aos acontecimentos históricos, são descritos com tal vivacidade de cor local que só se poderia atribuir a narração deles a uma testemunha ocular. Tudo, em suma, nesse livro, contribui para demonstrar que seu autor ou autores, quaisquer que sejam, estão inteiramente ao corrente dos acontecimentos que aí se descrevem e em uma harmonia perfeita de sentimentos com os autores do drama narrado. É necessário acrescentar que a srta. Cummins, quando se produz a escrita mediúnica, se encontra em condições de meio transe, e a impressão experimentada por todos os que assistiram a essas experiências é que as 'crônicas' obtidas dessa maneira são 'inspiradas' por um autor invisível...

A narrativa cresce em interesse à medida que progride, e, quando ficar terminada dentro de pouco tempo, verificar-se-á que vários acontecimentos, nos quais se toca muito rapidamente nos "Atos dos Apóstolos", estão aclarados por nova luz. A visita dos discípulos a Emaús está amplamente descrita nas crônicas, assim como outros acontecimentos de interesse vital, relativamente à ressurreição. Com efeito, em *Os escritos de Cléofas* expõe-se nova concepção da ressurreição. O trabalho devotado da srta. Cummins, nesta ordem de manifestações, já lhe granjeou o reconhecimento de grande número de leitores, entre os quais vários teólogos, profundamente ao corrente da história dos tempos apostólicos e da literatura dos evangelhos apócrifos da época.

> O juízo unânime dessas pessoas competentes, a respeito do grande valor de *Os escritos de Cléofas*, merece a mais séria consideração. (*Psychic Science*, 1929, pp. 337-8).

Outro eminente teólogo católico, o rev. Cônego H. Bickerstett Ottley, termina um artigo consagrado a *Os escritos de Cléofas* com a seguinte declaração:

> Tive o ensejo de assistir, pessoalmente, por duas vezes, à produção da 'mensagem' confiada ao instrumento inconsciente que era, nessa ocasião, a Srta. Cummins... Consagrei vários meses ao estudo e à análise a que estava apto a empreender em virtude dos meus títulos acadêmicos. Além disso, faço notar que tinha começado essa pesquisa com um preconceito apriorístico bem firme, que me tornava cético em face dessas pesquisas, visto que, desde a infância, tinha aprendido a considerar como "vedado o domínio das comunicações espíritas com a vida que sucede à morte". Ora, tenho o dever de reconhecer que *Os escritos de Cléofas* trazem à apologética cristã de nossos tempos uma contribuição de importância suprema que se produz no momento justo em que se sentia mais vivamente a sua necessidade. (*Journal of the S. P. R.*, 1929, p. 91).

A srta. Gibbes escreve por sua vez:

> Relativamente à autenticidade supranormal de *Os escritos de Cléofas*, mister se faz con-

> siderar bem a circunstância de que eles foram severamente analisados por vários teólogos universitários, considerados como as melhores autoridades no assunto. Todos foram unânimes em exprimir a opinião de que *Os escritos de Cléofas* são, de qualquer forma, autenticamente transcendentais, constituindo uma das mais importantes contribuições trazidas para conhecimento do período apostólico da cristandade. Declaram, do mesmo modo, que esses escritos contêm numerosos incidentes e episódios que, se se considerar o grau de cultura daquela que os recebeu mediunicamente, são literalmente inexplicáveis no sentido de que tenham origem humana. Pode-se dizer outro tanto de grande número de citações geográficas e de incidentes históricos dos quais se pode constatar a veracidade, assim como na frequente terminologia dos tempos apostólicos. Foi justamente sobre estes dados que se exerceu, especialmente, a crítica dos teólogos competentes que verificaram a autenticidade e a exatidão constantes dos mesmos. (*Light*, 1928, p. 473).

Para citar alguns dados desta espécie, lembro o termo *politargia* que não existe na "versão autorizada" do Novo Testamento e que em *Os escritos de Cléofas* é usado como uma transcrição no alfabeto moderno (*transliteração*) da palavra grega correspondente, empregada nos "Atos dos Apóstolos", 17, 6. Dá-se o mesmo com o vocábulo *archon* (p. 161), próprio para indicar o chefe da comunidade judia em Antioquia da Síria; palavra de que se notou a justeza quando se verificou que o imperador Augusto, no ano 11 de nossa era, a destinara a substituir a antigo título *etnarcha*.

A sra. Bárbara Mackenzie acrescenta esta outra coincidência geográfica que os peritos na questão não assinalaram:

> Em *Os escritos de Cléofas* li com o mais vivo interesse o episódio pitoresco de Barnabé, o descobridor de fontes na planície árida que cerca a cidade Iconium. Pois, bem, encontrei, há dias, um oficial aprisionado pelos turcos e internado nessa mesma região, durante a guerra. Pedi-lhe indicações a respeito e ele me declarou que a "descrição feita em *Os escritos* era inteiramente exata e que, ao redor da cidade de Iconium, se estende uma imensa planície desolada, completamente desprovida d'água. (*Light*, 1928, p. 233).

Como se pode ver, o rev. John Lamond nota, entre outras coisas, que, em *Os escritos de Cléofas*, estão aclarados, com nova luz, numerosos acontecimentos nos quais os "Atos dos Apóstolos" tocam muito rapidamente... A título de exemplo, eis um desses acontecimentos.

No capítulo 7 dos "Atos dos Apóstolos", lê-se que a turbamulta lapidou santo Estevão. O versículo 59 nos conta que "as testemunhas arrojaram as vestes do santo aos pés de um moço chamado Saul. Como não se diz mais nada a este respeito, pergunta-se: "Porque fizeram isso? Que significa semelhante ação? Quem era esse Saul?".

Os escritos de Cléofas contam o episódio mais detalhadamente e então é possível compreendê-lo. Saul era um moço que tinha motivos especiais de animosidade contra Estevão. Este despertara nele vivo ciúme por causa dos dons de orador que o distinguiam, dons que o tornaram um adversário temível de Saul, assim entre os judeus como entre os cristãos. Saul tinha, então, assalariado homens do povo, alguns dos quais estavam mal dispostos com Estevão, e os incitara a matá-lo fornecendo-lhes dinheiro e roupas e eles conseguiram seu malévolo intento. Uma vez, porém, cometido o crime, ficaram os assassinos de tal modo impressionados com a coragem heroica do mártir "que se sentiram profundamente deprimidos e aterrados, crendo ter morto o eleito do Senhor".

A narração continua assim:

> Quando as sombrias nuvens da cólera se dissiparam, eles abandonaram, no caminho, o corpo do santo e foram procurar Saul a quem disseram: "Tu nos arrastaste a cometer uma ação má e nós não queremos gozar do preço de nosso crime. Isto dizendo, arrojaram aos pés de Saul os mantos que ele lhes tinha dado, assim como o dinheiro pago para cometer o crime. E se foram com a desolação pintada nos semblantes e o terror nos corações, porque, no momento em que

Estevão expirava, no martírio que lhe infligiam, perceberam Deus ao lado dele.

Tal é a descrição simples e detalhada de um fato que, no texto dos "Atos dos Apóstolos", parecia inexplicável por causa da narração deficiente e obscura que dele se fizera. Desta vez, todo o mundo compreenderá porque "as testemunhas depositaram suas vestes aos pés de um moço chamado Saul".

Observo que, conforme os fatos narrados, o termo 'testemunhas', do texto evangélico, deveria ser considerado como inexato; deveria ser antes 'sicários' ou 'mandatários' ou 'assassinos'.

O valor teoricamente interessante das concordâncias análogas à que acabo de citar consiste no fato de que, quando lemos semelhantes narrações em *Os escritos de Cléofas* e as comparamos aos versículos correspondentes, mas incompletos, dos "Atos dos Apóstolos", chegamos à conclusão, racionalmente incontestável, de que os fatos contados devem ter-se desenrolado justamente da maneira por que estão descritos no ditado mediúnico, visto que essas narrações servem para elucidar versículos obscuros do texto escriturístico, e, de modo tão completo, que não se poderia pensar em outra versão capaz de considerar o mesmo texto.

Eis pormenores de aparência insignificante e que são, todavia, muito importantes para as pesquisas acerca da natureza da personalidade mediúnica que transmitiu os *Escritos*.

Escreve a srta. Gibbes:

Em diferentes ocasiões, o 'Mensageiro' afirmara que 'Cléofas' se valia de numerosas crônicas da época. Seria, então, interessante a descoberta de alguma prova tendente a confirmar esta asserção do 'Mensageiro' Estávamos embaraçados com o caso quando, nos primeiros tempos da transmissão das 'mensagens apostólicas', uma dessas, ora inclusa no capítulo IV, começou, contra o hábito, na 'primeira pessoa'. A mensagem dizia: "Estive longamente com Pedro e ouvi-lhe atentamente todas as palavras. Ele tinha o poder de transmitir a outros a faculdade das visões e dos sonhos, por intermédio do poder radioso de sua palavra". Quinze meses depois, quando se preparava a publicação da primeira série de *Os escritos*, pediram-se explicações à personalidade comunicante a respeito da frase que acabo de citar. Foi-nos respondido: "É preciso que saibas que, quando estas palavras foram ditadas, nossa intenção era a de traduzir para vossa língua, palavra por palavra, uma antiga crônica daquela época, transmitindo-a ao mundo por intermédio desta mão. Nosso intento, porém, se modificou desde que descobrimos que os corpos espirituais das duas senhoras, de que nos servimos, continham poderes suficientes para receber de nós o ditado dos acontecimentos contidos em várias crônicas. Nestas condições, as palavras da introdução, que ditamos, há vários meses, não devem ser entendidas como tendo relação conosco, mas com o autor das crônicas de que tiramos as presentes informações que são constituídas de imagens que 'Cléofas' colhia na grande 'Árvore das Recordações' para transmiti-las em seguida a nós, seus mensageiros, encarregados de transformá-las em termos acessíveis aos homens de vossa geração. De qualquer maneira, seria conveniente suprimir no texto palavras de introdução a fim de evitar toda a confusão possível entre as pessoas que lerem estas crônicas."

A srta. Gibbes continua, dizendo:

> As palavras da introdução foram então suprimidas do texto publicado. Saliento que a explicação acima era absolutamente inesperada por todos nós. Aliás, a julgar pelo imenso material de fatos que foi, em seguida, ditado à srta. Cummins, podemos reconhecer o bom fundamento da afirmação supra, segundo a qual se mudará de intenção desde que se verificou a capacidade mediúnica do 'instrumento' que se empregava, isto é, que se decidiu ditar à médium uma história dos tempos apostólicos, infinitamente mais longa e mais completa da que antes se havia combinado. (*Light*, 1929, p. 152).

No que concerne aos fins a que se propuseram os espíritos comunicantes, ditando as crônicas em questão, eis o que eles dizem a respeito:

> Nossa intenção é a de semear, no coração dos homens de vossa geração, o gérmen da fé no Divino Mestre, de modo que esta fé possa re-

> florescer. Esperamos que o coração dos homens de hoje receba a nossa semente! Entre eles, alguns há que julgam que o Cristo é morto! Absolutamente. Isto não é verdade. Ele vive mais do que nunca e reviverá nos corações e nos espíritos das gerações futuras com mais esplendor do que dantes! (*Light*, 1929, p. 147).

Tais são as suas intenções, tais as suas esperanças. Todavia, curioso e interessante é saber, a este respeito, a opinião de um outro espírito-guia da srta. Cummins ao qual esta última se dirigiu para ter informações referentes ao 'Mensageiro' que ditava as crônicas sacras. O espírito-guia respondeu:

> Desde há muito que uma falange de espíritos envidava esforços para descobrir um sensitivo capaz de receber, através do mecanismo de seu cérebro, a história das origens do cristianismo. Os membros desse grupo pensavam que não poderia haver expediente melhor para encher o horrível vácuo espiritual que existe nas almas da atual geração, vácuo horrível quando é observado do mundo espiritual. Cléofas e seus auxiliares se propuseram, então, enviar aos humanos o remédio de que tinham necessidade, revelando-lhes a história do período apostólico. Na minha opinião, eles não consideraram, suficientemente, que os horizontes mentais da humanidade se modificaram bastante depois da época em que viveram na Terra. Não perceberam que, na presente sociedade humana, não há quase lugar

para a fé, pois a humanidade quer atingir o espiritual através do material." (*Light*, 1928, p. 149).

Resulta daí que o espírito-guia da srta. Cummins duvida do sucesso da nobre tentativa de Cléofas e seus coadjutores, que se propuseram transmitir aos humanos crônicas autênticas dos tempos apostólicos, na esperança de salvar, assim, a presente humanidade, reconduzindo-a à fé dos cristãos primitivos em seu Mestre. Muitos dos meus leitores compartilham, sem dúvida, da opinião do espírito-guia da srta. Cummins, mas isto não tem importância alguma para nosso ponto de vista e, unicamente, serve para confirmar uma verdade conhecida desde há muito, isto é, que ninguém se torna onisciente porque desencarnou, mas que o espírito fica, intelectualmente, no ponto em que estava por ocasião da morte. Não tardam esses seres em assimilar grande número de conhecimentos relativos ao meio espiritual em que se encontram, mas não se despojam, senão muito lentamente, das concepções intelectuais que possuíam e só vagamente entrevêem as verdades espirituais a respeito das quais, assim no além como no mundo dos vivos, cada um tem o dever de exercer livremente seu discernimento. Tal fato dá lugar, como na Terra, a várias opiniões mais ou menos em desacordo entre si.

Com isto, espero ter citado e comentado, suficientemente, o caso em questão, para dele fazer sobressair o grande valor teórico a favor da interpretação espírita dos fatos. O caso é, aliás, semelhante ao de Patience Worth e não lhe é, de modo algum, inferior quanto à natureza maravilhosa do texto obtido mediunicamente. A diferença entre os dois casos é de natureza secundária e consiste em que nas comunicações de Patience Worth se encontram dados – como sua conversa constante em um dialeto arcaico – que podem servir indiretamente, mas eficazmente, para provar a independência intelectual, e, em certo ponto de vista, a própria identificação intelectual da entidade comunicante, ao passo que, no caso de Cléofas, não se vêem aparecer dados desta natureza.

Em todo o caso, isto não apresenta uma importância teórica apreciável, porque, nos dois casos, a eficácia demonstrativa dos fatos nada tem que ver com a questão de identificação pessoal, para se concentrar, unicamente, na natureza intrínseca do material psicográfico obtido, cuja proveniência é inexplicável perante toda a hipótese naturalista. Com efeito, mesmo no caso de Cléofas, as hipóteses da telepatia, da criptomnesia, da psicometria, não chegam, de maneira alguma, a considerar o conjunto dos fatos, sobretudo em se considerando não se tratar de indicações isoladas ou de acontecimentos fragmentários suscetíveis de serem atribuídos às emergências da subconsciência da médium (*criptomnesia*) ou bem ao fato da médium tê-las captado nas subconsciências dos assistentes ou dos ausentes (*clarividência telepática*).

Não se trata de 'visões psicométricas' em relação com um objeto apresentado ao médium sensitivo e, por consequência, circunscritas pelas 'influências' existentes em estado latente no próprio objeto, mas, ao contrário, trata-se de crônicas orgânicas, isto é, de uma narração ordenada de acontecimentos, com numerosas noções geográficas, topográficas, históricas, filológicas, ignoradas da médium e das quais se verificou, em seguida, a autenticidade.

Trata-se, finalmente, em grande parte, de episódios que, referidos obscuramente nos "Atos dos Apóstolos", agora, ao contrário, são narrados minuciosamente em *Os escritos de Cléofas*, o que torna, pela primeira vez, inteligível o texto escriturístico.

Em suma, trata-se de uma obra histórica ordenada, completa, vital, que já se compõe de três grossos volumes e ainda não está terminada. Não é certamente na subconsciência da médium que se deverá buscar a gênese de um trabalho que apresenta uma importância real, histórica e religiosa, no qual se encontram dados, indicações, minúcias, que ninguém poderia focalizar sem ser especializado nas ciências histórica, geográfica, teológica e filológica.

Nestas condições, só resta uma coisa a fazer: aceitar, ainda esta vez, em nome da lógica e do bom senso, as explicações fornecidas pelas personalidades mediúnicas que ditaram a obra em questão, isto é, concordar que essas personalidades são espíritos de defuntos que relatam os acontecimentos dos quais foram testemunhas ou que se produziram na época e na região em que viveram.

IX – Conclusão

Passemos das conclusões referentes ao caso de *Os escritos de Cléofas* às conclusões gerais que abrangem todas as obras literárias de proveniência supranormal e das quais temos tratado.

Noto, primeiramente, que essas obras prestam-se à ilustração e à análise eficaz do problema a resolver, apresentando-o ao julgamento da razão em pontos de vista diferentes, que convergem para a demonstração da origem extrínseca ou espírita das manifestações dessa natureza, o que confere uma solidez científica à solução espiritualista do problema em questão.

Segue-se daí que o grupo de casos que focalizamos aqui fornece outra prova a favor da existência e da sobrevivência do espírito humano e isto *independentemente dos casos de identificação espírita, baseados em indicações pessoais dadas pelos defuntos que se comunicam*. Esta última circunstância reveste altíssimo valor teórico e apresenta mesmo certo lado de atualidade, pois que se puderam ler, ultimamente, escritos de metapsiquistas eminentes e autorizados, os quais, de boa fé, chamaram a atenção das pessoas competentes para o valor teórico de velhas hipóteses metafísicas, propostas para a explicação dos casos de identificação espírita propriamente dita. Esses metapsiquistas concluíram, tristemente, que as probabilidades de chegar-se um dia a obter-se uma prova cientificamente adequada da existência e da sobrevivência do espírito humano diminuíram, dia a dia, em consequência dessas hipóteses que, embora puramente metafísicas, não podiam ser eliminadas e neutralizavam, para sempre, o valor dos casos de identificação espírita *baseados em indicações pessoais fornecidas pelos defuntos que se comunicam*.

Não discutirei, no momento, essas pretensas objeções *intransponíveis*, que, facilmente, transpus e demoli, baseando-me nos fatos, em recente monografia publicada na revista metapsiquista italiana *Luce e Ombra*, hoje *La Ricerca Psichica*. Sem nelas tocar, noto, com surpresa, que os eminentes metapsiquistas, que se exprimiram da maneira aludida, mostraram ter esquecido que a demonstração científica da existência e da sobrevivência do espírito humano não depende, de modo algum, de uma prova única que se tira das indicações pessoais fornecidas, mediunicamente, pelos mortos aos vivos.

Ela depende do conjunto importante das manifestações supranormais – anímicas e espíritas –

que concorrem, em massa, para fornecer provas neste sentido, isto é, todas elas convergem para a demonstração da existência, no homem, de um espírito independente do corpo, organizador deste e sobrevivente à sua morte. Ora, essas provas são absolutamente estranhas aos casos de identificação espírita criticados por nossos contraditores.

Confirmam, por conseguinte, indiretamente, os casos em questão, conferindo-lhes uma solidez científica que, em princípio, pode ser considerada inabalável.

Como já disse, uma destas provas é justamente a da literatura de além-túmulo, que estudei aqui e graças à qual fomos levados a admitir a hipótese da existência e da sobrevivência do espírito humano, por meio de manifestações que não são provas de identificação. Outra demonstração absolutamente fundamental para a consolidação científica da hipótese em questão é representada pelo fato da existência latente, na subconsciência, de faculdades de sentidos supranormais, livres dos laços do espaço e do tempo, independentes da lei de evolução biológica (o que constitui um indício de que não são produto da evolução biológica) inoperantes e mesmo inúteis durante a existência terrestre, pois que são inconciliáveis com as condições nas quais se desenvolve a existência encarnada (é claro, com efeito, que, se a clarividência no futuro se tornasse normal, ela paralisaria toda a iniciativa humana). Estas circunstâncias são, teoricamente, muito importantes, porque provam que as faculdades supranormais subconscientes não podem ser explicadas, supondo-se que elas representem 'um sexto sentido' em gestação.

Pode-se acrescentar, sobre o assunto, que, ainda que as circunstâncias em questão bastem por si mesmas para eliminar, definitivamente, esta hipótese gratuita, fácil é assinalar outras circunstâncias de fato igualmente decisivas neste sentido, tal como, por exemplo, a seguinte: que as faculdades supranormais subconscientes se manifestam utilizando os sentidos existentes: visão, audição, tato, o que demonstra que elas não podem constituir em si mesmas um novo 'sentido biológico em gestação'. Outra coisa: em lugar de determinar por percepção *direta*, isto é, da periferia para o cérebro, como devia ser, com todo sentido biológico, passado, presente e futuro, elas se determinam por percepção *inversa*, isto é, do cérebro para a periferia, sob a formação de visões e audições subjetivas projetadas para fora e quase sempre sob uma forma mais ou menos simbólica.

Isto demonstra, ulteriormente, que não poderia tratar-se de um 'sexto sentido' em gestação, pois que os sentidos biológicos deveriam automaticamente perceber a realidade tal como se lhes manifesta e não a traduzi-la, inteligentemente, em simbolismos abstratos que, de resto, no caso em questão, tomam, às vezes, uma significação precisa da qual se descobrem facilmente os fins, *mas somente quando o acontecimento vem de se realizar*.

Noto, finalmente, que essas faculdades emergem, por jatos fugazes, apenas nos períodos de minoramento vital dos indivíduos (sono, síncope, êxtase, hipnose, narcose, coma), outra circunstância inconciliável com a hipótese do 'sexto sentido' mas que, pelo contrário, está em perfeito acordo com a hipótese espírita, pois que ela nos leva a deduzir que, quando a crise da morte tiver libertado as faculdades supranormais do cativeiro da carne, estas poderão funcionar, então, livremente, em meio apropriado. Em outras palavras, tudo contribui para demonstrar que as faculdades supranormais em apreço constituem os sentidos espirituais do homem, que existem, preformados, em estado latente, nos refolhos da subconsciência, esperando o momento de emergir e de funcionar no meio espiritual, depois da crise da morte, do mesmo modo que os sentidos biológicos existem, formados antes, em estado latente, no embrião, esperando a oportunidade de emergir e de exercitar-se no meio terrestre, após a crise do nascimento, assim como as asas existem na crisálida da lagarta, na qual se encontram já formadas, em estado latente, destinadas a emergir e a funcionar num meio apropriado, quando a lagarta se transformar em borboleta.

Podemos citar outras provas do mesmo gênero, não menos importantes e significativas como as que é possível tirar do fenômenos de 'bilocação', no sono natural, na narcose, no coma, ou as que se obtém, experimentalmente, ou que são visualizadas por sensitivos na cabeceira dos moribundos. São formas de manifestação que demostram a existência real de um 'corpo espiritual', que pode separar-se do 'corpo somático'. Podemos dizer outro tanto das provas que se apresentam com as 'aparições dos defuntos no leito de morte', as quais nada têm de comum com os casos de *identificação espírita, que consistem em indicações pessoais* fornecidas pelos defuntos comunicantes. De outra parte, suas modalidades multiformes de desenvolvimento bastam para eliminar as hipóteses alucinatória e telepática.

Isso se dá, por exemplo, quando os fantasmas de defuntos são vistos, coletiva e sucessivamente, pelos assistentes e pelo moribundo, ou quando estes são os primeiros a perceber o fantasma do morto, quando o moribundo o vê por sua vez, mas somente quando acontece volver seus olhares para o lado em que está a aparição e, sobretudo, quando o moribundo e o percipiente são crianças de idade muito tenra e, por consequência, não suscetíveis de auto-sugestionar-se a ponto de se alucinarem por temor de uma morte que ignoram.

O mesmo acontece com as provas oriundas das 'aparições de defuntos algum tempo depois de sua morte', casos que, quando têm, por testemunhas diferentes, pessoas, de modo a eliminar as hipóteses habituais fundadas na alucinação e na telepatia, constituem uma das provas mais importantes e incontestáveis a favor da sobrevivência. As experiências chamadas de 'correspondências cruzadas' assumem, por sua vez, em nossos dias, um valor teórico elevadíssimo, no sentido espírita, graças aos resultados obtidos pelo dr. Crandon, de Boston, com a mediunidade de sua esposa, Margery, e com três grupos simultâneos de experimentadores, afastados, um do outro, centenas de milhas, assim como pelas experiências, não menos admiráveis, do sr. Frederick James Crawley, em Newcastle, e da médium sra. Osborne Leonard, em Londres.

Saliento, em último lugar, que várias outras categorias de manifestações supranormais – que ilustrei em monografias especiais – contêm excelentes provas no gênero das que nos ocupamos, apenas sendo impossível demonstrar-lhes, eficazmente, a importância teórica sem recorrer a exemplos. Trata-se dos casos de fantasmas materializados que falam e escrevem, às vezes, em línguas ignoradas de todos os assistentes (Elizabeth d'Esperance, Frank Kluski etc.).

Em outros casos, são variedades de 'fotografias transcendentais' nas quais se vêem defuntos desconhecidos de todos os assistentes e dos quais se descobre, em seguida, a identidade, ou que fornecem, eles próprios, indicações necessárias para sua identificação. Podem ser citadas, na mesma ordem de ideias, certas manifestações maravilhosas de 'música transcendental' no leito de morte e depois da morte, uma variedade muito especial de fenômenos de 'telecinesia' no momento da morte e, após esta, algumas manifestações imponentes de fenômenos de assombração, um grupo de casos que demonstram a realidade dos fenômenos de 'obsessão e possessão', outros grupos de 'premonições' e 'auto-premonições' de morte *acidental* cercadas de símbolos que são impenetráveis *até o momento em que o fato se dá* e isto, manifestamente, com o fito de impedir a vítima de subtrair-se ao destino que a espera.

Queria, em suma, que se compreendesse que, quando se discutir sobre a validade da hipótese espírita, não se deverá nunca esquecer que esta validade *não repousa unicamente sobre casos de informações pessoais fornecidas pelos mortos que se comunicam*. Ela está, inabalavelmente, fundada num feixe de provas extraídas de um conjunto inteiro de manifestações supranormais: anímicas e espíritas.

Repito que esta última verdade é indiscutível e teoricamente decisiva, porém noto, ao mesmo tempo, que ela é sempre esquecida pelos contraditores da hipótese espírita e muitas vezes mesmo por seus defensores, que ficam, por vezes, embaraçados e perplexos em face de objeções contrárias, justamente porque eles se esquecem, por sua vez, de que a hipótese espírita está solidariamente assentada numa imensidade de provas e não numa prova única, e que basta considerar, cumulativamente, essas provas, para convencer-se alguém da impossibilidade lógica de romper, mesmo levemente, o feixe delas.

As almas timoratas, que receiam a iminência de uma catástrofe para a verdade que lhes é cara, podem, pois, ter dias tranquilos. Persuadam-se de que não é, racionalmente, permitido ter dúvida, mesmo a mais leve, sobre a estabilidade das bases nas quais repousa a hipótese espírita.

Se, apesar de tudo, a hipótese espírita ainda encontra opositores no meio de pessoas competentes em metapsíquica, isto se deve, exclusivamente, ao fato de ter a inteligência humana muito trabalho em submeter, ao critério da razão, a um só tempo, todos os dados que constituem cada problema a resolver, o que determina a sucessão e a teimosia perpétuas de conclusões erradas, porque são assentadas apenas numa análise muito parcial dos fatos.

Reconheço, todavia, que este inconveniente, oriundo de uma imperfeição inata na inteligência humana, reveste o valor de uma lei biológico-psíquica. Nestas condições, só nos resta curvar-nos ante os decretos da Providência, deduzindo que, em princípio, o fato de tatear-se no erro e avançar-se no caminho da verdade, tropeçando a cada passo, sempre impelidos pelo aguilhão da dúvida filosófica, constitui um elemento indispensável da individualização e elevação da personalidade humana.

Posfácio

Quem escreveu o livro de Balzac?

Foi por intermédio de Deolindo Amorim, amigo comum, que tive o privilégio de conhecer pessoalmente Francisco Klörs Werneck. Nas visitas que lhe fiz em seu apartamento no Rio, falávamos, naturalmente, de doutrina espírita e, principalmente, de livros, muitos livros. Werneck os tinha em grande número, de selecionada qualidade, muitos deles verdadeiras raridades e em várias das línguas que lia e traduzia.

Devemos a ele a divulgação destes estudos de Ernesto Bozzano, dois trazidos do italiano e três da língua francesa. Como se pode observar, Werneck não foi um tradutor burocrático e sem imaginação que se limitasse a transpor os textos de um idioma para outro como quem faz baldeação – deu-lhes personalidade e títulos sugestivos, chamando a dois deles de "importantes", um de "interessante", outro de "extraordinário" e ao último de "surpreendente". Na verdade, todos eles nos trazem notáveis e bem documentados casos nos quais seres desencarnados ofereceram convincentes testemunhos de identificação pessoal. Em outras palavras: os 'mortos' ignoraram a 'morte' e vieram dizer que continuam 'vivos'.

De nosso particular interesse nesta coletânea é o caso Oscar Wilde, em virtude de sua conexão com a temática de *O avesso de um Balzac contemporâneo*, de Osmar Ramos Filho, publicado pela Lachâtre.

Estou falando de conexão temática e não de semelhança metodológica, embora ambos os estudos tenham sido empreendidos a partir de textos mediúnicos, tanto o de Bozzano como o de Osmar. Acho até que as diferenças entre eles ressaltam mais dramaticamente do que as possíveis concordâncias, pelo menos na abordagem ao assunto.

Bozzano nos põe em contato com um relato da médium britânica sra. Travers-Smith e assume a clara postura de um pesquisador espírita ao concluir que os textos mediúnicos são de autoria do 'falecido' Oscar Wilde. Considera, com eles, amplamente demonstrada a realidade da sobrevivência do ser à morte corporal.

É diferente a abordagem de Osmar. Chega a admitir nela as características de um texto mediúnico, ou melhor, psicográfico, mas esse não é o seu propósito dominante. Sua opção foi a da neutralidade de quem se empenha em complexo trabalho de análise literária do que seria um pastiche intitulado *Cristo espera por Ti*, escrito à maneira de Honoré de Balzac. O estudo se desenvolve a partir da premissa de que o médium dr. Waldo Vieira, que psicografou a narrativa, fosse tecnicamente um pastichador. Com o que Osmar evita trazer para o âmbito de sua dissertação conotações tidas por metafísicas ou que impliquem matizes espíritas, sequer, parapsicológicos.

Há outra peculiaridade a ser ressaltada no exame comparativo dos estudos de Bozzano e o de Osmar. Wilde-espírito escreve na mesma língua em que se expressava enquanto vivo e através de uma médium também de língua inglesa; Balzac-espírito compõe sua narrativa em português, língua diferente da que utilizou enquanto encarnado.

Não estou, com estas observações, pondo em confronto as diferentes abordagens a fim de concluir qual delas é a melhor. Não é isso que está em discussão aqui. Procuro examinar não propriamente os méritos e possíveis deméritos de cada uma das abordagens, mas as condições segundo as quais Osmar realizou seu trabalho.

Convém lembrar, contudo, que o tratamento dado por Bozzano pode alienar liminarmente do exame dos escritos atribuídos a Wilde aqueles que resolvem aprioristicamente não levar em consideração estudos que concluam pela aprovação da chamada 'hipótese espírita' – a turma dos que não viram e não gostaram. O de Osmar apresenta-se inocente de tal 'suspeita', mas não impede – pelo contrário, facilita – que seus leitores e leitoras vejam no livro suas evidentes conotações espirituais.

Não tenho como avaliar o nível de profundidade alcançado pelo trabalho da sra. Travers-Smith, na sua análise comparativa do texto de Wilde-espírito com seus escritos quando ainda encarnado ou, na linguagem corrente, enquanto 'vivo'. Dificilmente teria ela, contudo, realizado algo parecido com a pesquisa na qual se empenhou Osmar. Literalmente, ele virou o livro mediúnico do avesso para ver como havia sido costurada a história, em que estilo, com que imagens e com quais recursos técnicos. Tive em mãos o exemplar utilizado por ele: está todo anotado, página por página, com palavras e expressões em destaque, chamadas para aqui e para ali, referências crípticas, lembretes e símbolos inteligíveis somente ao próprio Osmar. E isso foi apenas o lado do avesso. Sete anos foram consumidos na busca na obra do Balzac 'vivo', estimada em cerca de onze mil páginas, pacientemente lidas, fichadas e anotadas por Osmar.

Era preciso familiarizar-se com a técnica, os modismos e os cacoetes literários de Balzac, estudar cada uma das numerosas personagens criadas por ele, prestar atenção até na escolha dos nomes que lhes deu, do tipo físico e psicológico delas, de como se vestiam, sobre o que conversavam, que vinhos tomavam, qual a cronologia das histórias que viviam ou contavam.

As flores a que se referiam casualmente, seriam mesmo típicas daquela região e compatíveis com a época do ano? Seriam de fato aquelas as técnicas da vindima descritas na história? Estariam configurados no espaço cósmico, naquele momento, os astros a que se refere o 'pasticho' psicografado? Por que estranhas motivações o autor faz uma personagem figurar no texto vestida com uma roupa cor de girafa? Com quê mesmo se parece o cenário de uma pequena propriedade rural na qual se desenrola um episódio da história?

Tomemos esta última referência para exemplo, pois ela somente se revela a Osmar ao breve clarão do que poderíamos entender como um relâmpago intuitivo.

Surpreendentemente, o cenário todo em que se passa determinado episódio, até os últimos e mais irrelevantes detalhes, figura num quadro de Paul Potter intitulado "La ferme" (A fazenda). Será que o suposto pastichador teria condições de saber do quase obscuro pintor e do quadro que se encontra hoje no acervo do museu da Hermitage, em São Petersburgo?

Estranhíssimo, pois, esse pasticho, no qual o autor – seja ele quem for, se você não quer admitir a autoria de Balzac – coloca centenas, talvez milhares de pistas, de chaves, de charadas literárias, culturais e históricas, tudo "como se fosse" mesmo Balzac, mas um Balzac ao mesmo tempo diferente e idêntico a si mesmo, como ficou dito no prefácio que escrevi para o livro do Osmar.

Aqui estamos, pois, diante de um livro intitulado *Cristo espera por ti*, escrito por alguém que não é, positivamente o Balzac 'vivo', ou seja encarnado, autor da "Comédia Humana", mas que sabe tudo de Balzac e de sua obra. Usa de sua técnica, de seus mais secretos e enigmáticos recursos e parece operar como se tivesse à sua inteira disposição, não apenas a prodigiosa imaginação criadora de Balzac, mas também sua espantosa genialidade e a memória de toda a sua obra, nos seus mais imperceptíveis detalhes, nas suas irreveladas intenções, nos seus segredos todos e na sua fascinante magia.

Ora, a "Comédia Humana" não constitui literatura de segunda ou terceira categoria, trata-se de um monumento literário, uma visão panorâmica, ampla e profunda, que não apenas retratou o contexto em que foi criada, mas fixou-o para sempre num documentário, no qual toda uma época é preservada num afresco pintado ao vivo. Ali a sociedade francesa do século dezenove permanece congelada, mas paradoxalmente, transbordante de vida, com o coração a pulsar. Como o coração do Balzac póstumo, sobrevivente, mais romancista e mais genial do que nunca.

Sobre a qualidade do trabalho de Osmar, não me atreveria sequer à petulância de um ignaro palpite. *O Avesso de um Balzac Contemporâneo* foi ungido pelo pronunciamento consagrador do prof. Paulo Rónai, reconhecido como respeitada autoridade internacional em estudos balzaquianos.

"... o autor desse livro, fosse quem fosse" – depõe Rónai, em carta de 19-5-1988, a Osmar –, "devia saber bem francês, estar impregnado da cultura francesa do século passado e conhecer a fundo o universo balzaquiano.

"Outro fenômeno não menos surpreendente" – acrescenta mais adiante o eminente escritor – "é o extraordinário conhecimento que o Senhor possui da obra de Balzac."

Menciona, a seguir, os mestres franceses Marcel Bouteron e Fernand Baldensperger, da Sorbonne, com os quais ele, Rónai, estudou e conclui que "nenhum deles estava mais versado do que o Senhor neste vasto mundo fictício".

Sem desejar pronunciar-se acerca do que chama "a gênese do livro", o professor Paulo Rónai atribui, portanto, ao estudo de Osmar Ramos Filho as mais elevadas marcas de status cultural.

Dirigindo-se basicamente à comunidade internacional da erudição acadêmica, Osmar emprega na pesquisa a metodologia adequada e funde sua dissertação na técnica expositiva compatível com o seu público alvo.

Tal como Rónai, Osmar opta por deixar abertas ao seu público leitor as especulações quanto à gênese do livro – seu trabalho é uma competente análise literária de um pastiche.

É nessa qualidade de leitor, portanto, que me coloco, outorgando-me o direito e o dever de opinar. Para mim, *Cristo espera por Ti* foi escrito por Honoré de Balzac, o genial criador da "Comédia Humana".

Mas Balzac está morto desde 1850, dirá o cético e o livro atribuído à sua autoria foi escrito mais de um século depois, em 1964. E daí? Não é o primeiro 'morto' que volta a escrever, como Oscar Wilde ou Charles Dickens. E nem será o último.

HERMINIO C. MIRANDA

Relação dos trabalhos (livros e artigos) do prof. Ernesto Bozzano

(Organizada pelo dr. Francisco Klörs Werneck, de acordo com as revistas *Luce* e *Ombra* e *La Ricerca Psichica*, da Itália, *La Revue Spirite* e *Revue Metapsychique*, da França, e editoras destes dois países europeus.)

1 – *O espiritismo perante a ciência.*

2 – *Hipóteses espiríticas e teorias científicas.*

3 – *A propósito da introdução à metapsíquica humana.*

4 – *Fenômenos de telecinesia em relação com acontecimentos de morte.*

5 – *Enigmas da psicometria.*

6 – *Pensamento e vontade.*

7 – *A crise da morte.*

8 – Xenoglossia.

9 – Fenômenos de transporte.

10 – Comunicações mediúnicas entre vivos.

11 – Fenômenos de bilocação.

12 – Casos de identificação espirítica.

13 – Pesquisas em torno das manifestações supranormais.

14 – Fenômenos de assombração.

15 – Manifestações supranormais entre os povos selvagens.

16 – Precognições, premonições, profecias.

17 – Manifestações metapsíquicas e os animais.

18 – Fenômenos de obsessão e possessão.

19 – Manifestações olfativas de ordem patológica, telepática, supranormal.

20 – Animismo ou espiritismo?

21 – Literatura de além-túmulo.

22 – Telepatia, telemnesia e a lei da 'relação psíquica'.

23 – Visão panorâmica ou memória sintética na iminência da morte.

24 – Fenômenos de transfiguração.

25 – Marcas e impressões de mãos de fogo.

26 – Materializações de fantasmas em proporções minúsculas.

27 – Em defesa do espiritismo.

28 – Breve história dos raps.

29 – Aparições de defuntos no leito de morte.

30 – Música transcendental.

31 – Remontando às origens.

32 – Fenômenos de telestesia.

33 – Criptestesia e sobrevivência.

34 – Gemas, amuletos e talismãs relativamente às experiências de William Crookes.

35 – Experiências de 'voz direta' nos Estados Unidos.

36 – A propósito das revelações transcendentais.

37 – Mensagens mediúnicas entre vivos transmitidas com o auxílio de personalidades espirituais.

38 – A volta de 'Oscar Wilde'.

39 – A propósito de 'Patience Worth' e 'The Sorry Tale'.

40 – A volta de 'sir William Barrett'.

41 – Considerações sobre uma vidente inglesa.

42 – Reminiscências de uma vida anterior.

43 – A propósito dos fantasmas materializados e das revelações transcendentais.

44 – Respigando na autobiografia de uma dama inglesa.

45 – Materializações de 'Marie', a dançarina nas experiências com Florence Cook.

46 – Revelações transcendentais e objeção antropomórfica.

47 – Um morto que se recorda de tudo.

48 – Interessante caso de identificação espirítica.

49 – Importante caso de identificação espirítica.

50 – Outro importante caso de identificação espirítica.

51 – Psicologia das convicções.

52 – Porque a vida.

53 – A propósito da obra Psicologia e espiritismo do prof. Enrico Morselli.

54 – Experiências de 'voz direta' em plena luz.

55 – As crianças videntes e as aparições de defuntos.

56 – Resposta a algumas objeções mal formuladas.

57 – Fenômenos metapsíquicos curiosos e interessantes.

58 – Acerca dos estados profundos da hipnose considerados relativamente ao sentido de apego à vida.

59 – Gemas, amuletos e talismãs relativamente às experiências de William Stainton Moses.

60 – A natureza dos fantasmas nos fenômenos de assombração.

61– A verdadeira história da 'pequena Stasia'.

62 – A propósito da objeção segundo a qual os desencarnados não revelam nunca verdades científicas.

63 – Discussão cortês com um dos meus críticos.

64 – Acabaram-se as lágrimas.

65 – A propósito das visões supranormais de Swedenborg.

66 – Cérebro e pensamento.

67 – A propósito das convicções espíritas do dr. Gustave Geley.

68 – Os sonhos e a loucura.

69 – Hipóteses que não se podem 'conceber' e hipóteses que não se podem 'pensar'.

70 – *A propósito da criptestesia e das modalidades pelas quais se manifesta.*

71 – *A clarividência no futuro e o fatalismo.*

72 – *A respeito do bem conhecido caso de clarividência precognitiva da 'cadeira vazia'.*

73 – *Perplexidades teóricas que não têm razão de existir.*

74 – *Os animais e as manifestações metapsíquicas.*

75 – *William Cartheuser, o novo médium de 'voz direta'.*

76 – *A propósito da possibilidade de fraude com a 'voz direta'.*

77 – *Investigações psíquicas de um homem de negócios.*

78 – *Corpo etéreo e existência espiritual.*

79 – *O livro de curas de um célebre hipnotizador.*

80 – *No círculo experimental de um doutor em medicina.*

81 – *A propósito das experiências do casal Taylor com a médium Kate Fox.*

82 – *As primeiras experiências de 'voz direta' na Itália.*

83 – *Investigações psíquicas de um ministro da igreja anglicana.*

84 – *Autobiografia de uma alma talhada pela dúvida.*

85 – *Em defesa dos fenômenos mediúnicos de efeitos físicos.*

86 – *Notáveis intuições filosóficas e científicas entre os selvagens africanos.*

87 – *Em defesa da alma.*

88 – *A questão das almas mortas.*

89 – *A hipótese do Éter-Deus.*

90 – *Ainda a propósito da hipótese do Éter-Deus.*

91 – *Psicologia da razão humana.*

92 – *Significado filosófico da dúvida.*

93 – *Experiências mediúnicas e acontecimentos de morte nas suas relações com os fenômenos de assombração.*

94 – *Em torno do enigma metapsíquico das premonições insignificantes e inúteis.*

95 – *O sentimento de identificação de Deus nos grandes místicos.*

96 – *Telepatia e psicometria em relação com a mediunidade da sra. Piper.*

97 – *William Stainton Moses e a crítica científica.*

98 – *Simbolismos e fenômenos metapsíquicos.*

99 – *As faculdades supranormais.*

100 – *Personalidades mediúnicas que se declaram personalidades subconscientes.*

Nota: A presente relação foi por mim organizada à proporção que ia colhendo os títulos dos trabalhos de Bozzano e não pelos anos deles, esclarecendo que o primeiro publicado teve o título de *O espiritismo perante a ciência* e data de 1901.

F. K. W.

Ernesto Bozzano

Nascido em Gênova, Itália, a 2 de janeiro de 1862, Ernesto Bozzano dedicou-se desde cedo ao estudo, sobretudo da filosofia e das ciências exatas. Adquiriu também amplos conhecimentos de psicologia, astronomia, paleontologia. Em 1891, já considerado um jovem sábio, com sólida formação positivista, converteu-se ao espiritismo, após a leitura das obras de Alexandre Aksakof. A partir daí, entregou-se apaixonadamente ao estudo da doutrina espírita

Em busca da verdade, trabalhou com mais de setenta médiuns, formando um grupo experimental de pesquisa, integrado por importantes cientistas da época. Escreveu cerca de cem obras sobre assuntos espíritas, muitas das quais tornaram-se clássicos da doutrina. Membro do Institutte Métapsychique International, Bozzano faleceu em sua cidade natal, a 24 de junho de 1943.

A impressão desta obra foi feita, em novembro de 2013, na Sermograf Artes Gráfica e Editora Ltda., Petrópolis, RJ. sendo tiradas mil cópias, todas em formato fechado 140x210 mm e com mancha de 97x166 mm. Os papeis utilizados foram o Inaset Plus Offset 75g/m^2 para o miolo e o Ningbo Star C2S Art Board 300g/m^2 para a capa. O texto principal foi composto em Adobe Garamond Pro 11,5/12,4, as citações em Adobe Garamond Pro 10/12, os títulos em Rockwell 20/24 e as notas de rodapé em Adobe Garamond Pro 10/12. A tradução e o prefácio da edição brasileira são de Francisco Klörs Werneck. A revisão foi feita por Cristina da Costa Pereira. A programação visual da capa foi elaborada por Cesar França de Oliveira. O projeto gráfico do miolo foi desenvolvido por Fernando Luíz Fabris.